A VERA,
POR HACER QUE TODO CUADRE

En mi canal de YouTube: "manu_economía: contabilidad y gestión financiera", encontrarás numerosos vídeos explicando cómo contabilizar los documentos que aparecen en este libro. ¡¡¡Espero que te sirvan de ayuda!!!

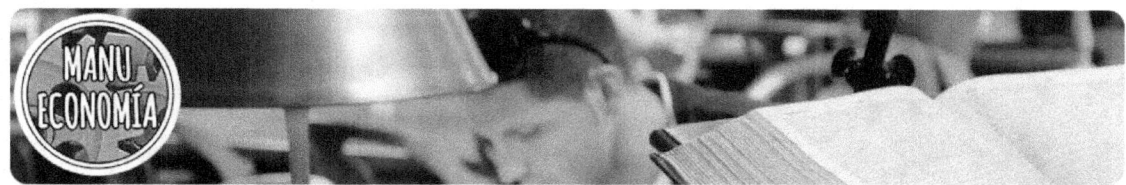

 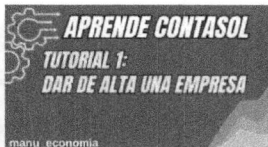 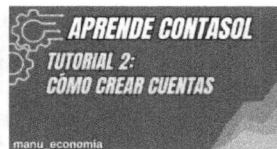 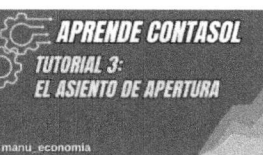

Si tienes un minuto y lo crees conveniente, me encantaría leer tu impresión sobre este libro, saber qué opinas de él y qué crees que podría mejorar. Para ello, puedes dejar tu reseña en Amazon. Con esta reseña, ayudarás a que otras personas lo conozcan.

¡¡¡Muchas gracias!!!

La empresa Veruchi, S.L, con CIF B-24092014 y domicilio social en la Calle la Vaina, 16, 4ºB, CP 03501, en Benidorm, con teléfono 965851234, se dedica a la venta al por menor de artículos de juguete. El nombre comercial es Juguetes Veruchi. Está inscrita en el Registro Mercantil de Alicante, Tomo 1, Folio 1, Hoja 1, Inscripción 1

Su representante es Vera Moreno, con DNI 48123456-T, y con residencia en la C/ Emilio Ortuño, 1, 03501 Benidorm (Alicante)

Su ejercicio económico coincide con el año natural. Utiliza el Plan Contable para PYMES del año 2008, con un desglose de siete cifras para las cuentas. Realiza declaraciones trimestrales de IVA. El código CNAE de la actividad de la empresa es el 4765, y el epígrafe del IAE es el 659.6.

La empresa tiene contratada una trabajadora, a jornada completa y con un contrato indefinido.

El Balance final del año pasado fue este:

ACTIVO			PASIVO		
	ACTIVO NO CORRIENTE	61.310		**PATRIMONIO NETO**	40.000
(2100001)	Terreno local comercial	8.000	(1000000)	Capital social	30.000
(2110001)	Local comercial	40.000	(1120000)	Reserva legal	10.000
(2160001)	Mobiliario oficina	2.760			
(2170001)	Portátil Lenovo X125	2.000		**PASIVO NO CORRIENTE**	25.600
(2180001)	Toyota Auris	16.000	(1700001)	Hipoteca local comercial	25.600
(2811001)	Amort.acum.construcciones	(2.800)			
(2816001)	Amort.acum. mobiliario	(1.275)		**PASIVO CORRIENTE**	18.050
(2817001)	Amort.acum. Portátil Lenovo	(250)	(5200001)	Hipoteca local comercial	4.000
(2818001)	Amort.acum.Toyota Auris	(3.125)	(5200002)	Préstamo coche	6.050
			(4000001)	Juguetísimo, S.L	4.400
	ACTIVO CORRIENTE	22.340	(4000002)	La Gosita, S.A	3.055
(3000001)	Juguetes tipo A	3.650	(4100001)	Iberluz	153
(3000002)	Juguetes tipo B	4.250	(4100002)	Timostar	60
(3000003)	Juguetes tipo C	895	(4100003)	Aquayes	22
(3000004)	Juguetes tipo D	4.575	(4750000)	H.P Acreedora IVA	60
(4300001)	Playland, S.L	1.870	(4751000)	H.P Acreedora retenciones	250
(4300002)	Imagina, S.L	3.500			
(5700000)	Caja	1.500			
(5720000)	C/C Calcerrada Banc	2.100			
TOTAL ACTIVO		83.650	**TOTAL PASIVO**		83.650

Durante el presente año realiza las siguientes actividades:

1) En primer lugar contabiliza el asiento de apertura.

2) El 7 de enero le cargan en la cuenta corriente la factura que tenía pendiente de pago de Timostar.

3) El 10 de enero paga en efectivo la factura pendiente de Aquayes.

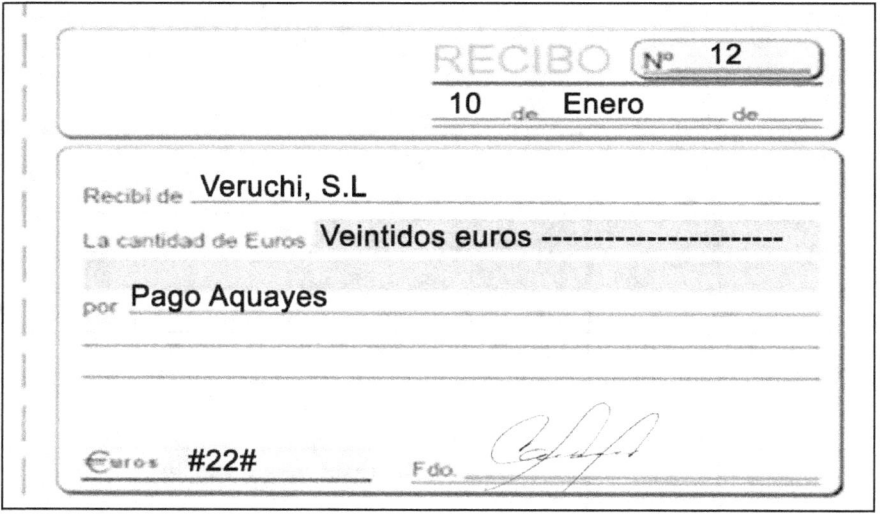

4) El 11 de enero le cargan en la cuenta corriente la factura que tenía pendiente de pago de Iberluz.

				Adeudo directo	
				RCUR	Core

CALCERRADA BANC

Fecha **11-01**	Clave Oficina **901**	Oficina **BENIDORM, OP**	Timestamp **01-11**	Referencia única 000043558263

Nombre del acreedor **IBERLUZ**		Referencia del adeudo 000043558263-20190308-0

Identificación del acreedor **ES91012A82009812**	Nombre del último acreedor

Nombre del deudor **JUGUETES VERUCHI, S.L**	Nombre último deudor	Banco acreedor **BSCHESMMXXX**

PG FRA IBERLUZ

Importe EUR **153€**	Comisión EUR 0,00	Valoración **11/01**

JUGUETES VERUCHI, S.L
CALLE LA VAINA, 16, 4ºB
BENIDORM (ALICANTE)

IBAN **ES34 0081 0012 6512 0000 5632**

Para cualquier aclaración puede dirigirse con esta nota de adeudo a la entidad indicada, que es la que nos ha facilitado esta información.

Documento obtenido electrónicamente.
Válido, salvo discordancia con los registros del Banco.

5) El 12 de enero Imagina le paga mediante una transferencia bancaria el importe que le debía del año anterior.

CALCERRADA BANC

Transferencia Abono
BENIDORM, OP
11.20.00.872398 - 01

Ordenante **IMAGINA, S.L**	Fecha emisión **12-01**	Clave del banco **2038-9622**

	Entidad ordenante **BANCO DEL SUR**

Beneficiario **JUGUETES VERUCHI, S.L**	BIC Banco del beneficiario **BSABESBBXXX**

	IBAN Cliente beneficiario **ES34 0081 0012 6512 0000 5632**

Observaciones **COBRO FACTURA PENDIENTE IMAGINA, S.L**	Referencia SCP4696229879190390D5946423845

Nominal EUR- **3.500€**	Tipo de gastos COMPARTIDOS	% Comisión 0,00	Comisión 0,00	Correo 0,00	Líquido EUR- **3.500€**	Fecha valor abono **12-01**

Documento obtenido electrónicamente.
Válido, salvo discordancia con los registros del Banco.

6) El 13 de enero paga por medio del banco el IVA acreedor del cuarto trimestre del año anterior.

CALCERRADA BANC				**Adeudo directo**	
				RCUR	Core

Fecha 13-01	Clave Oficina 901	Oficina BENIDORM, OP	Timestamp 01-13		Referencia única 000043558263

Nombre del acreedor
HACIENDA PUBLICA

Referencia del adeudo
000043558263-20190308-0

Identificación del acreedor
ES91012A82009812

Nombre del último acreedor

Nombre del deudor
JUGUETES VERUCHI, S.L

Nombre último deudor

Banco acreedor
BSCHESMMXXX

PAGO IVA 4º TRIMESTRE AÑO ANTERIOR

Importe EUR 60€	Comisión EUR 0,00	Valoración 13/01

JUGUETES VERUCHI, S.L
CALLE LA VAINA, 16, 4ºB
BENIDORM (ALICANTE)

IBAN
ES34 0081 0012 6512 0000 5632

Para cualquier aclaración puede dirigirse con esta nota de adeudo a la entidad indicada, que es la que nos ha facilitado esta información.

Documento obtenido electrónicamente.
Válido, salvo discordancia con los registros del Banco.

---

7) El 13 de enero paga por medio del banco las retenciones del cuarto trimestre del año anterior.

CALCERRADA BANC				**Adeudo directo**	
				RCUR	Core

Fecha 13-01	Clave Oficina 901	Oficina BENIDORM, OP	Timestamp		Referencia única 000043558263

Nombre del acreedor
HACIENDA PÚBLICA

Referencia del adeudo
000043558263-20190308-0

Identificación del acreedor
ES91012A82009812

Nombre del último acreedor

Nombre del deudor
JUGUETES VERUCHI, S.L

Nombre último deudor

Banco acreedor
BSCHESMMXXX

PAGO RETENCIONES IRPF 4º TRI

Importe EUR 250€	Comisión EUR 0,00	Valoración 13/01

JUGUETES VERUCHI, S.L
CALLE LA VAINA, 16, 4ºB
BENIDORM (ALICANTE)

IBAN
ES34 0081 0012 6512 0000 5632

Para cualquier aclaración puede dirigirse con esta nota de adeudo a la entidad indicada, que es la que nos ha facilitado esta información.

Documento obtenido electrónicamente.
Válido, salvo discordancia con los registros del Banco.

8) El 14 de enero entrega un pagaré con vencimiento el 21 de enero a Juguetísimo por el importe total de la factura que le debe.

	ENTIDAD	OFICINA	D.C.	NUM.DE CUENTA
CALCERRADA BANC C.C.C	0081	0012	65	1200005632
IBAN	ES34 0081 0012 6512 5632			

C/ el Puente, 2. 03501. Benidorm

Vencimiento	21 de enero	EUROS	#4.400€#

Por este **pagaré** me comprometo a pagar el día del vencimento indicado

A   JUGUETÍSIMO, S.L
Euros   CUATRO MIL CUATROCIENTOS EUROS --
Benidorm, a 14 de Enero de 20XX

Serie 001   Nº de pagaré   15

9) El 15 de enero Playland le entrega un cheque por el importe total de lo que le debe.

	ENTIDAD	OFICINA	D.C.	NUM.DE CUENTA
BANCO CARIBEÑO C.C.C	1234	5678	90	1234567890
IBAN	ES34 1234 5678 90 1234567890			

C/ Panamá, 7. 03501, Benidorm

EUROS	#1.870€#

Páguese por este **cheque** a   VERUCHI, S.L
Euros   MIL OCHOCIENTOS SETENTA EUROS ---
Benidorm, a 15 de Enero de 20XX

Serie 255   Nº de cheque   19

10) El 16 de enero cobra en efectivo el cheque de Playland.

11) El 16 de enero hace un ingreso en efectivo de 2.000€ en la cuenta corriente.

CALCERRADA BANC

OFICINA: 0081 0012 O.P BENIDORM

FECHA: **16/01**
HORA: **09:53**

INGRESO EN EFECTIVO DE: 2.000€
IMPOSITOR: VERA MORENO

CÓDIGO CUENTA CLIENTE (C.C.C): 6512 0000 5632
TITULAR: JUGETES VERUCHI, S.L

N° OPERACIÓN: **0049 6172 21SMC 09584125**

12) El 21 de enero Juguetísimo cobra el pagaré de nuestro banco.

CALCERRADA BANC

Adeudo directo

RCUR Core

Fecha 21-01	Clave Oficina 901	Oficina BENIDORM, OP	Timestamp 01-21	Referencia única 000043558263

Nombre del acreedor
JUGUETÍSIMO,M S.L

Referencia del adeudo
000043558263-20190308-0

Identificación del acreedor
ES91012A82009812

Nombre del último acreedor

Nombre del deudor
JUGUETES VERUCHI, S.L

Nombre último deudor

Banco acreedor
BSCHESMMXXX

PAGO PAGARE 001/15

Importe EUR 4.400€	Comisión EUR 0,00	Valoración 21/01

IBAN
ES34 0081 0012 6512 0000 5632

JUGUETES VERUCHI, S.L
CALLE LA VAINA, 16, 4°B
BENIDORM (ALICANTE)

Para cualquier aclaración puede dirigirse con esta nota de adeudo a la entidad
indicada, que es la que nos ha facilitado esta información.

Documento obtenido electrónicamente.
Válido, salvo discordancia con los registros del Banco

13) El 25 de enero recibe una factura de Timostar.

TIMOSTAR

Razón social:	Timostar, S.A
Domicilio:	Avda. de las Naciones, 12. 28080. Madrid
CIF:	A-12.345.678
Teléfono:	911328567

DATOS CLIENTE		DATOS FACTURA	
Razón social:	Veruchi, S.L	Fecha:	25 de enero
Domicilio:	C/ la Vaina, 16, 4ºB. Benidorm	Número:	15.875
Teléfono	965851234	Localidad:	Madrid
CIF	B-24092014		

REF.	DESCRIPCIÓN	CANTIDAD	PRECIO	IMPORTE
	Servicio línea telefónica + ADSL			72,5

IMPORTE BRUTO		72,50 €
DESCUENTOS	0,00%	0,00 €
GASTOS		0,00 €
BASE IMPONIBLE		72,50 €
I.V.A.	21,00%	15,23 €
TOTAL I.V.A. INCLUIDO		87,73 €

14) El 26 de enero le cargan la factura de Timostar 15.875 en la cuenta corriente.

15) El 27 de enero vende mercaderías a un cliente denominado Don Tino, que se compromete a pagar mediante una transferencia bancaria.

JUGUETES VERUCHI

VERUCHI, S.L
B-24092014
C/ LA VAINA, 16, 4ºB. 03501. BENIDORM
96 585 12 34

Registro Mercantil de Alicante. Tomo 1, Folio 1, Hoja 1, Inscripción 1

DATOS CLIENTE		DATOS FACTURA	
Razón social:	Don Tino, S.L	Fecha :	27 de enero
Domicilio:	Avda. Mediterráneo 12. Benidorm	Número:	1
Teléfono	96 585 41 14	Localidad:	Benidorm
CIF	B74.125.896		

REF.	DESCRIPCIÓN	CANTIDAD	PRECIO	IMPORTE
	Juguetes tipo A	100	10,75 €	1.075,00 €
	Juguetes tipo D	200	7,50 €	1.500,00 €

IMPORTE BRUTO		2.575,00 €
% DESCUENTOS	0%	0,00 €
GASTOS		
BASE IMPONIBLE		2.575,00 €
% I.V.A.	21%	540,75 €
TOTAL I.V.A. INCLUIDO		3.115,75 €

16) El 28 de enero llega a su cuenta corriente la transferencia de Don Tino mediante la que se cobra la factura 1

						Transferencia Abono
						BENIDORM, OP 11.20.00.872398 - 01

CALCERRADA BANC

Ordenante	Fecha emisión	Clave del banco
DON TINO, S.L	27-01	2038-9622

	Entidad ordenante
	BANCO SANTANDER

Beneficiario	BIC Banco del beneficiario
JUGUETES VERUCHI, S.L	BSABESBBXXX

	IBAN Cliente beneficiario
	ES34 0081 0012 6512 0000 5632

Observaciones	Referencia
COBRO FACTURA 1	SCP46962298791 9039D5946423845

Nominal	Tipo de gastos	% Comisión	Comisión	Correo	Líquido	Fecha valor abono
EUR- 3.115,75€	COMPARTIDOS	0,00	0,00	0,00	EUR- 3.115,75€	28-01

Documento obtenido electrónicamente. Válido, salvo discordancia con los registros del Banco.

17) El 28 de enero vende mercaderías a Playland, S.L.

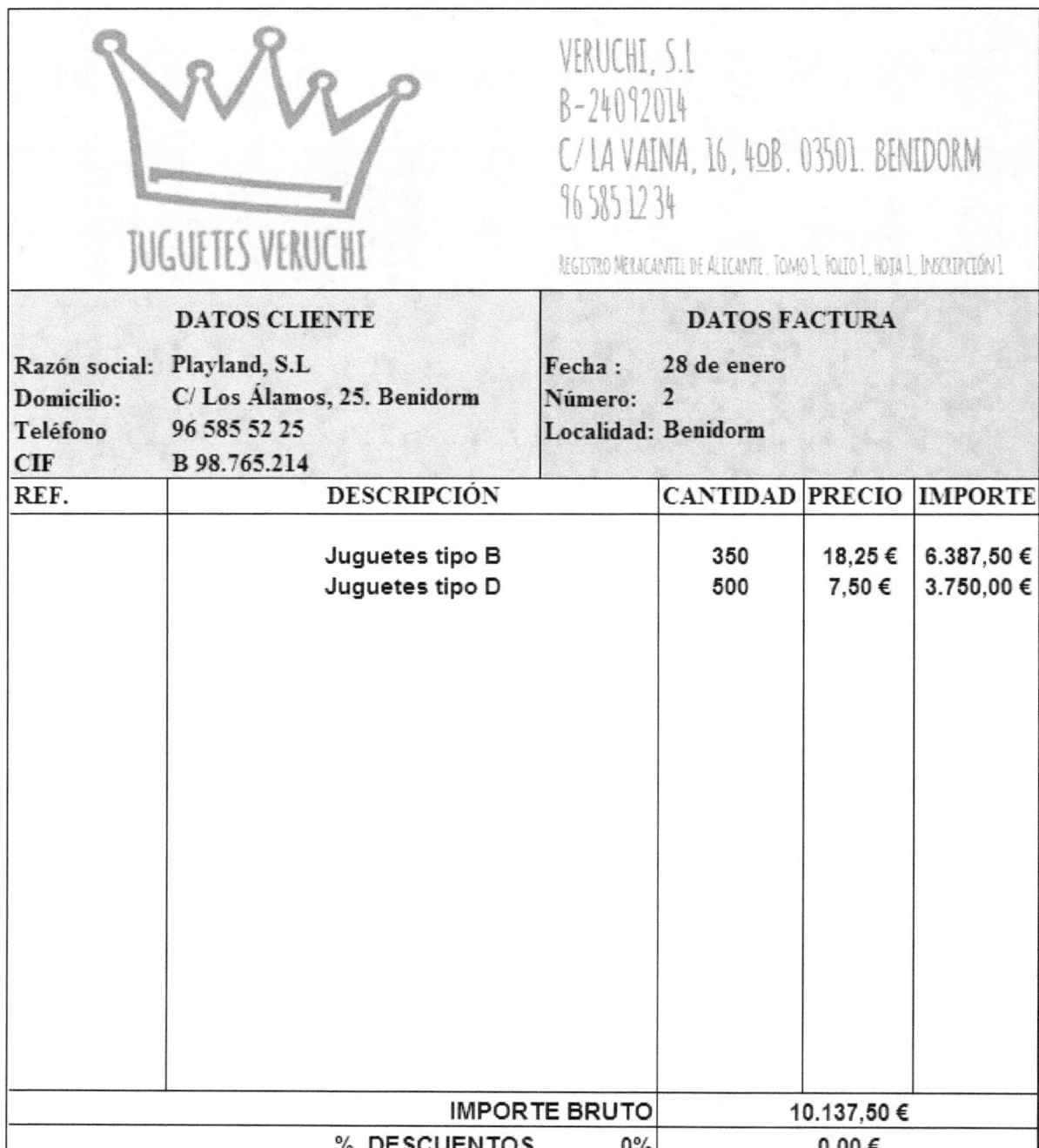

JUGUETES VERUCHI	VERUCHI, S.L B-24092014 C/ LA VAINA, 16, 4oB. 03501. BENIDORM 96 585 12 34 Registro Mercantil de Alicante. Tomo 1, Folio 1, Hoja 1, Inscripción 1

DATOS CLIENTE	DATOS FACTURA
Razón social: Playland, S.L Domicilio: C/ Los Álamos, 25. Benidorm Teléfono 96 585 52 25 CIF B 98.765.214	Fecha : 28 de enero Número: 2 Localidad: Benidorm

REF.	DESCRIPCIÓN	CANTIDAD	PRECIO	IMPORTE
	Juguetes tipo B	350	18,25 €	6.387,50 €
	Juguetes tipo D	500	7,50 €	3.750,00 €

IMPORTE BRUTO		10.137,50 €
% DESCUENTOS	0%	0,00 €
GASTOS		
BASE IMPONIBLE		10.137,50 €
% I.V.A.	21%	2.128,88 €
TOTAL I.V.A. INCLUIDO		12.266,38 €

18) El 28 de enero, Playland nos entrega 1.000€ en efectivo como pago de parte de la factura número 2. El resto lo deja pendiente de pago

RECIBO N.º 1

28 de ENERO de

RECIBI de PLAYLAND

la cantidad de Euros MIL EUROS--

por PAGO A CUENTA FRA.2

FIRMA Y SELLO:

€uros #1.000€#

19) El 28 de enero paga a La Gosita la factura que tenía pendiente del año anterior. El pago lo realiza mediante un pagaré, con vencimiento el 15 de febrero.

	ENTIDAD	OFICINA	D.C.	NUM.DE CUENTA
C.C.C	0081	0012	65	1200005632
IBAN	ES34 0081001265125632			

CALCERRADA BANC

C/ el Puente, 2. 03501. Benidorm

Vencimiento 15 de febrero

EUROS #3.055€#

Por este **pagaré** me comprometo a pagar el día del vencimento indicado

A   La Gosita, S.L

Euros   Tres mil cincuenta y cinco ---

Benidorm, a 28 de Enero de XX

Serie 001   Nº de pagaré   16

20) El 29 de enero, le cargan en el banco el recibo de la hipoteca del local comercial:

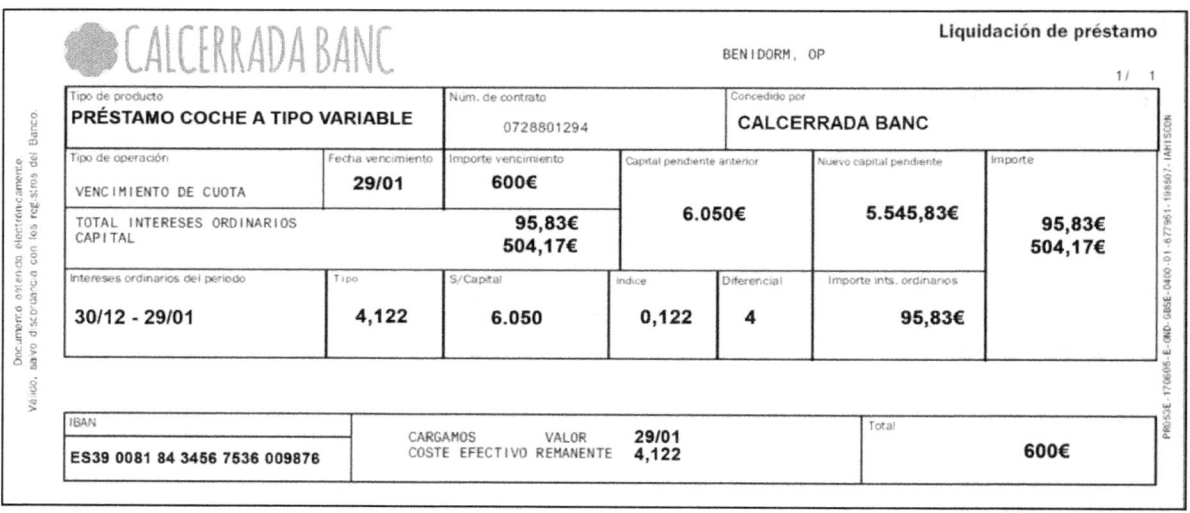

21) El 29 de enero, le cargan en el banco el recibo del préstamo del coche

22) El 30 de enero le llega la factura de Iberluz.

Razón social: Iberluz, S.A
Domicilio: Avda. Filipinas, 32. 28082. Madrid
CIF: A-85.258.964
Teléfono: 902 900 900

DATOS CLIENTE		DATOS FACTURA	
Razón social:	Veruchi, S.L	Fecha:	30 de enero
Domicilio:	C/ la Vaina, 16, 4ºB. Benidorm	Número:	32.587
Teléfono	965851234	Localidad:	Madrid
CIF	B-24092014		

REF.	DESCRIPCIÓN	CANTIDAD	PRECIO	IMPORTE
	Alquiler contador			5
	Tarifa mensual por tramos			75,6

IMPORTE BRUTO	80,60 €
DESCUENTOS	0,00 €
GASTOS	
BASE IMPONIBLE	80,60 €
I.V.A. 21,00%	16,93 €
TOTAL I.V.A. INCLUIDO	97,53 €

23) El 30 de enero hace una compra en Amazonas.

Razón social:	Amazonas. S.A
Domicilio:	Polígono Industrial Las Rozas. 03010. Alicante
CIF:	A-64.582.197
Teléfono:	96 654 456

DATOS CLIENTE		DATOS FACTURA	
Razón social:	Veruchi, S.L	Fecha:	30 de enero
Domicilio:	C/ la Vaina, 16, 4ºB. Benidorm	Número:	25.387
Teléfono	965851234	Localidad:	Alicante
CIF	B-24092014		

REF.	DESCRIPCIÓN	CANTIDAD	PRECIO	IMPORTE
	Juguetes tipo D	200	4,25	850
	Juguetes tipo B	110	10,00	1.100

IMPORTE BRUTO	1.950,00 €
DESCUENTOS 5,00%	97,50 €
GASTOS TRANSPORTE	3,00 €
BASE IMPONIBLE	1.855,50 €
I.V.A. 21,00%	389,66 €
TOTAL I.V.A. INCLUIDO	2.245,16 €

24) El 30 de enero paga la factura 25.387 de Amazonas mediante una transferencia.

CALCERRADA BANC

Transferencia Emitida
BENIDORM, OP
20.57.57.787793   01

Documento obtenido electrónicamente, salvo discordancia con los registros del Banco.
Válido,

Ordenante	Fecha emisión	Fecha valor de cargo en cuenta
JUGUETES VERUCHI, S.L	30-01	30-01

Por cuenta de:	IBAN cliente ordenante
	ES34 0081 0012 6512 0000 5632

Referencia:	Cuenta/IBAN cliente beneficiario
Beneficiario	ES34 0252 1258 9642 3697 5258

AMAZONAS, S.L	BIC banco del beneficiario
	BSABESBBXXX
	Banco del beneficiario
	BANCO DE SABADELL S.A.

A favor de:	Tipo de gastos	Referencia
Referencia:	COMPARTIDOS	306381925

Observaciones	Canal origen	Fecha valor pago
PAGO AMAZONAS FRA 25.387	INTERNET	30-01

Nominal	% Comisión	Comisión	Correo	Swift	Gastos de corresponsal	Com. adicional	Com. urgencia	Líquido
EUR- 2.245,16€	0.00	0,00	0.00					2.245,16€

25) El 31 de enero contabiliza la nómina de la trabajadora que tiene contratada.

EMPRESA:	VERUCHI, S.L	TRABAJADOR:	MÓNICA ARRIETA RODRÍGUEZ	
Domicilio	C/ LA VAINA, 16, 4ºB. BENIDORM	Categoría Profesional: Jefes administrativos y de taller		N.I.F.48.304.148-E
Código de cuenta de cotización	C.I.F.	Grupo de cotización: 3	Antigüedad: 2/04/2015	
03019132656	24.092.014-B	Número de afiliación a la Seguridad Social 03/0246813579		

Periodo de liquidación: Del 1 de Enero al 31 de Enero de 20XX		Total días: 30

I.- DEVENGOS	IMPORTES
1 Percepciones salariales	
Salario base	1.080 €
Complementos salariales	
Antigüedad	60 €
Idiomas	100 €
	€
Horas extraordinarias	€
Gratificaciones extraordinarias	€
Prorrata pagas extras	€
Salario en especie	€
2 Percepciones no salariales	
Indemnizaciones o suplidos	
	€
	€
Prestaciones e indemnizaciones de la Seg.Social	
	€
Indemnizaciones por traslados, modif..sust. o despido	
	€
Otras percepciones no salariales	
	€
	€
A. TOTAL DEVENGADO	1.240 €

II.- DEDUCCIONES			
1- Aportación del trabajador a la Seguridad Social			
Contingencias comunes	4,70 %	63,14 €	
Desempleo	1,55 %	20,82 €	
Formación Profesional	0,10 %	1,34 €	
Horas Extras	%	€	
Horas Extras por fuerza mayor	%	€	
TOTAL APORTACIONES		85,30 €	
2- Retenciones a cuenta del IRPF S/	10 %	124 €	
3- Anticipos		€	
4- Valor de los productos recibidos en especie		€	
5- Otras deducciones		€	
B. TOTAL A DEDUCIR		209,30 €	
LIQUIDO A PERCIBIR (A-B)		1.030,70 €	

Firma y sello de la empresa

En Benidorm, a 31 de Enero de 20XX
RECIBÍ:

DETERMINACIÓN DE LAS BASES DE COTIZACIÓN			APORTACIÓN DE LA EMPRESA A LA S.S	
1- Base de cotización por contingencias comunes				
Remuneración mensual		1.240 €		
Prorrata pagas extraordinarias		103,33 €		
TOTAL		1.343,33 €	23,60%	317,03€
2- Base de cotización por	AT y EP	1.343,33 €	1,65%	22,16€
contingencias profesionales y otros	IMS	1.343,33 €	1,20%	16,12€
otros conceptos de recaudación conjunta	Desempleo, FP y FOGASA	1.343,33 €	6,20%	83.29€
3- Base de cotización por horas extras		0 €	23.60%	
4- Base de cotización por horas extras fuerza		0 €	12%	
5- Base sujeta a retención del I.R.P.F.		1.240 €	APORT. EMPRESA	438,60€

MINISTERIO
DE TRABAJO, MIGRACIONES
Y SEGURIDAD SOCIAL

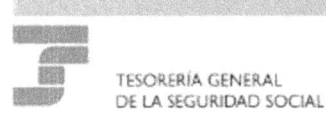

TESORERÍA GENERAL
DE LA SEGURIDAD SOCIAL

Recibo de Liquidación de Cotizaciones

Datos de envío

N° de autorización: 21111
Código de envío: 0212000628   Referencia del envío: 0002

Datos de empresa

Código de Cuenta de Cotización: 01110174040611	P. Liq.: 01 - 01	Cal. Liq.: L00
Razón social: VERUCHI, S.L		Identificador de empresario:
Entidad AT y EP: 275	N° de trabajadores: 1	Modalidad de Pago: COBRO POR VENTANILLA

Codificaciones Informáticas:

REFERENCIA:	FECHA:	HORA:	HUELLA:	PÁGINA:
000314040658	31/01	10:52	FAHLBB44	1

Periodo de pago	Num. Emisora	Num. Referencia	Identificación	Importe
02 - 02	02827003001	0003114040658	030101	523,90€

Descripción	Base	Importe	CLV
CONTINGENCIAS COMUNES	1.343,33	380,17	
LÍQUIDO COTIZACIONES GENERALES			
CUOTAS POR IT POR AT Y EP	1.343,33	22,16	
CUOTAS POR I.M.S	1.343,33	16,12	
COMPENSACIÓN IT, AT Y EP			
LÍQUIDO A.T Y E.P			
OTRAS COTIZACIONES (DESEMPLEO, FOGASA Y F.P)	1.343,33	105,45	
SUMA DE BONIFICACIONES, SUBVENCIONES Y COMPENSACIONES			
LÍQUIDO OTRAS CUOTAS			
TOTAL IMPORTE A INGRESAR			523,90

Validación mecánica/Sello de las Entidades Financieras

Este documento no implica el pago de las cuotas si no va acompañado del correspondiente comprobante de ingreso, sello o validación de la Entidad Financiera.

- -

MINISTERIO
DE TRABAJO, MIGRACIONES
Y SEGURIDAD SOCIAL

TESORERÍA GENERAL
DE LA SEGURIDAD SOCIAL

Periodo de pago	Num. Emisora	Num. Referencia	Identificación	Importe
02 - 02	02827003001	0003114040658	030101	523,90€

C.C .C.: 01110174040611   Ident. Emp.: 030101
P. liq: 01 - 01   Huella electrónica: FAHLBB44
Cal. liq: L00

Para la Entidad Financiera, únicamente cuando el ingreso se tramite en ventanilla.

26) El 31 de enero le entrega un cheque a Mónica Arrieta.

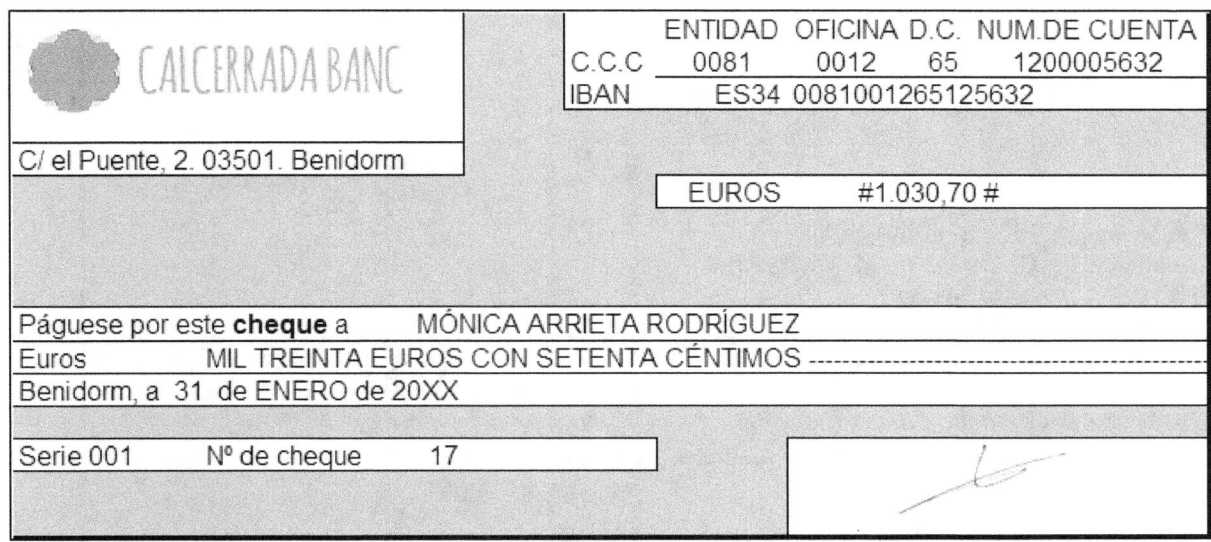

27) El mismo día 31 de enero, Mónica Arrieta cobra el cheque.

28) El 1 de febrero compra un ordenador de sobremesa Asus XZT3000 en Mediamarket.

| Razón social: Mediamarket, S.A |
| Domicilio: C/ Colón, 85. 28089, Madrid |
| CIF: A-85.741.369 |
| Teléfono: 91 852 147 |

DATOS CLIENTE	DATOS FACTURA
Razón social: Veruchi, S.L	Fecha: 1 de febrero
Domicilio: C/ la Vaina, 16, 4ºB. Benidorm	Número: 2.984
Teléfono 965851234	Localidad: Madrid
CIF B-24092014	

REF.	DESCRIPCIÓN	CANTIDAD	PRECIO	IMPORTE
	Ordenador de sobremesa Asus XZT3000	1	572,5	572,5

IMPORTE BRUTO	572,50 €
DESCUENTOS	0,00 €
GASTOS	
BASE IMPONIBLE	572,50 €
I.V.A. 21,00%	120,23 €
TOTAL I.V.A. INCLUIDO	692,73 €

29) El mismo día 1 de febrero paga la factura 2.984 de Mediamarket con la tarjeta de débito de la empresa

30) El 3 de febrero le cargan en la cuenta la prima del seguro del local de la empresa.

31) El 3 de febrero le cargan la factura 32.587 de Iberluz en el banco.

32) El 4 de febrero, Playland le paga lo que le debía de la factura número 2 mediante un ingreso en la cuenta corriente.

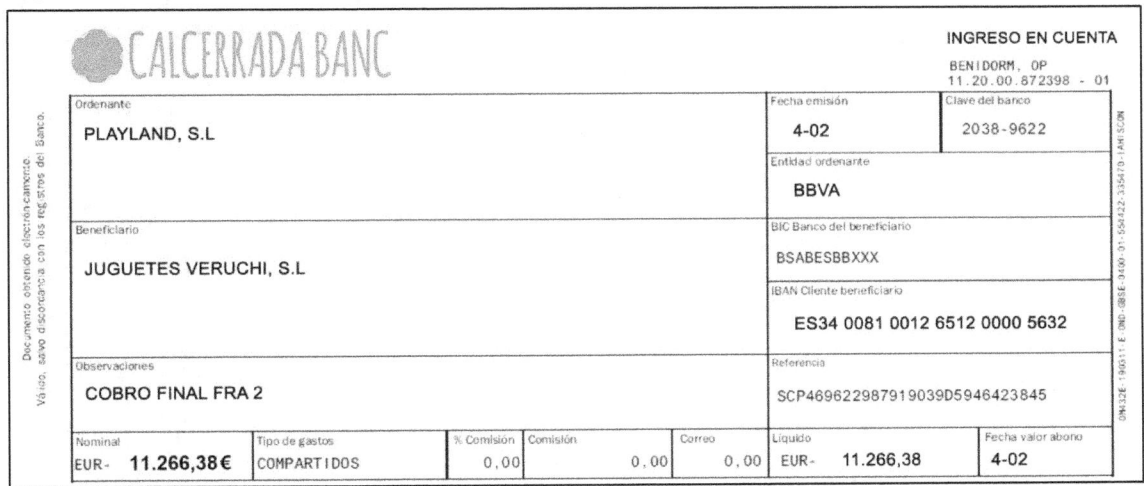

33) El 4 de febrero contrata los servicios del abogado D. Francisco Villalba, que le presenta la siguiente factura:

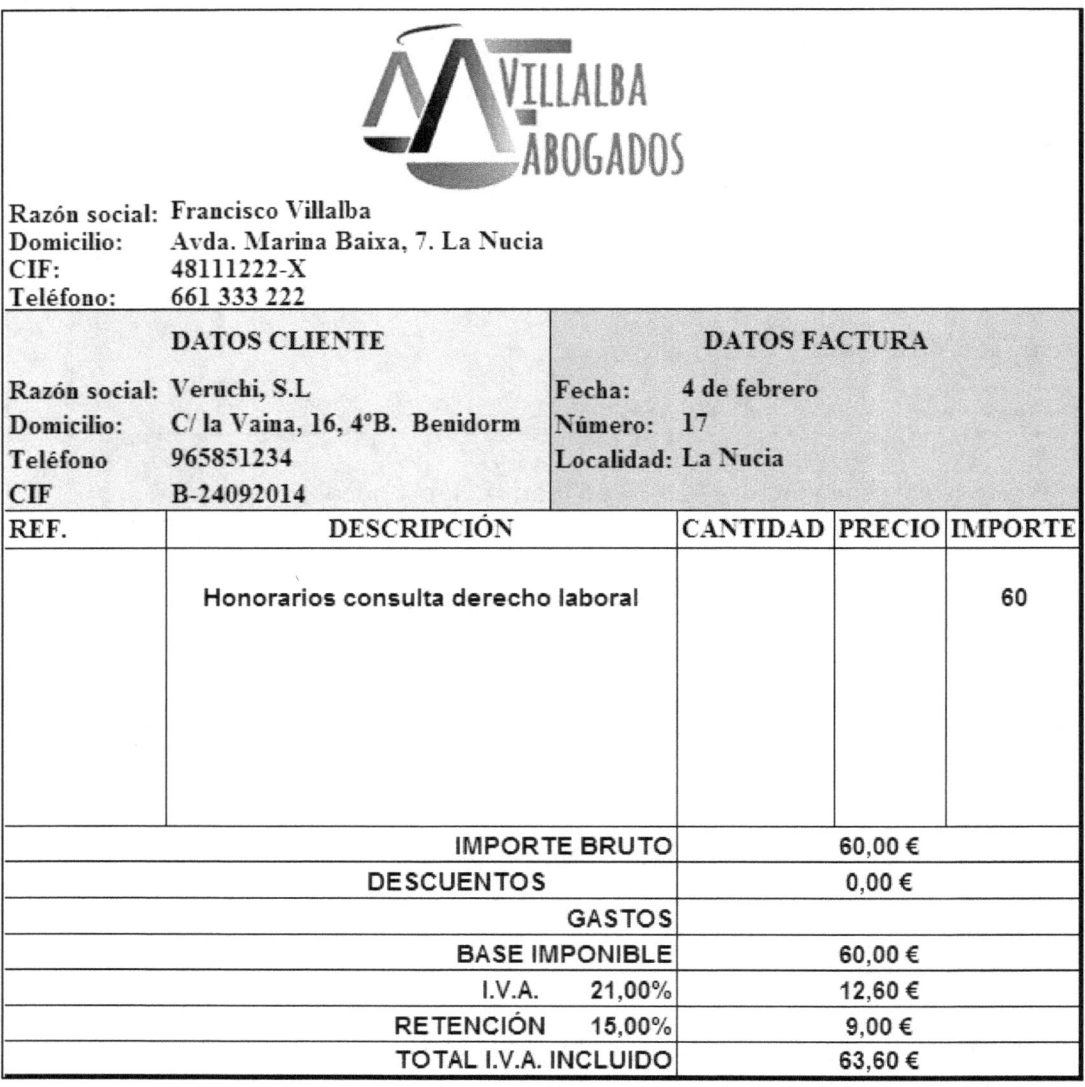

	VILLALBA ABOGADOS			
Razón social: Francisco Villalba				
Domicilio: Avda. Marina Baixa, 7. La Nucia				
CIF: 48111222-X				
Teléfono: 661 333 222				
DATOS CLIENTE		**DATOS FACTURA**		
Razón social: Veruchi, S.L		**Fecha:** 4 de febrero		
Domicilio: C/ la Vaina, 16, 4ºB. Benidorm		**Número:** 17		
Teléfono 965851234		**Localidad:** La Nucia		
CIF B-24092014				
REF.	DESCRIPCIÓN	CANTIDAD	PRECIO	IMPORTE
	Honorarios consulta derecho laboral			60

IMPORTE BRUTO	60,00 €
DESCUENTOS	0,00 €
GASTOS	
BASE IMPONIBLE	60,00 €
I.V.A. 21,00%	12,60 €
RETENCIÓN 15,00%	9,00 €
TOTAL I.V.A. INCLUIDO	63,60 €

34) El día 4 de febrero, en el momento que le presta el servicio y le entrega la factura, le paga en efectivo los honorarios a D. Francisco Villalba.

RECIBO Nº 12

4 de FEBRERO de

Recibí de JUGUETES VERUCHI

La cantidad de Euros SESENTA Y TRES EUROS CON SESENTA CÉNTIMOS --------------------------------

por COBRO FACTURA 17

Euros #63,60#   Fdo.

35) El 5 de febrero vende una partida de juguetes a Imagina, S.L. Le entrega la siguiente factura:

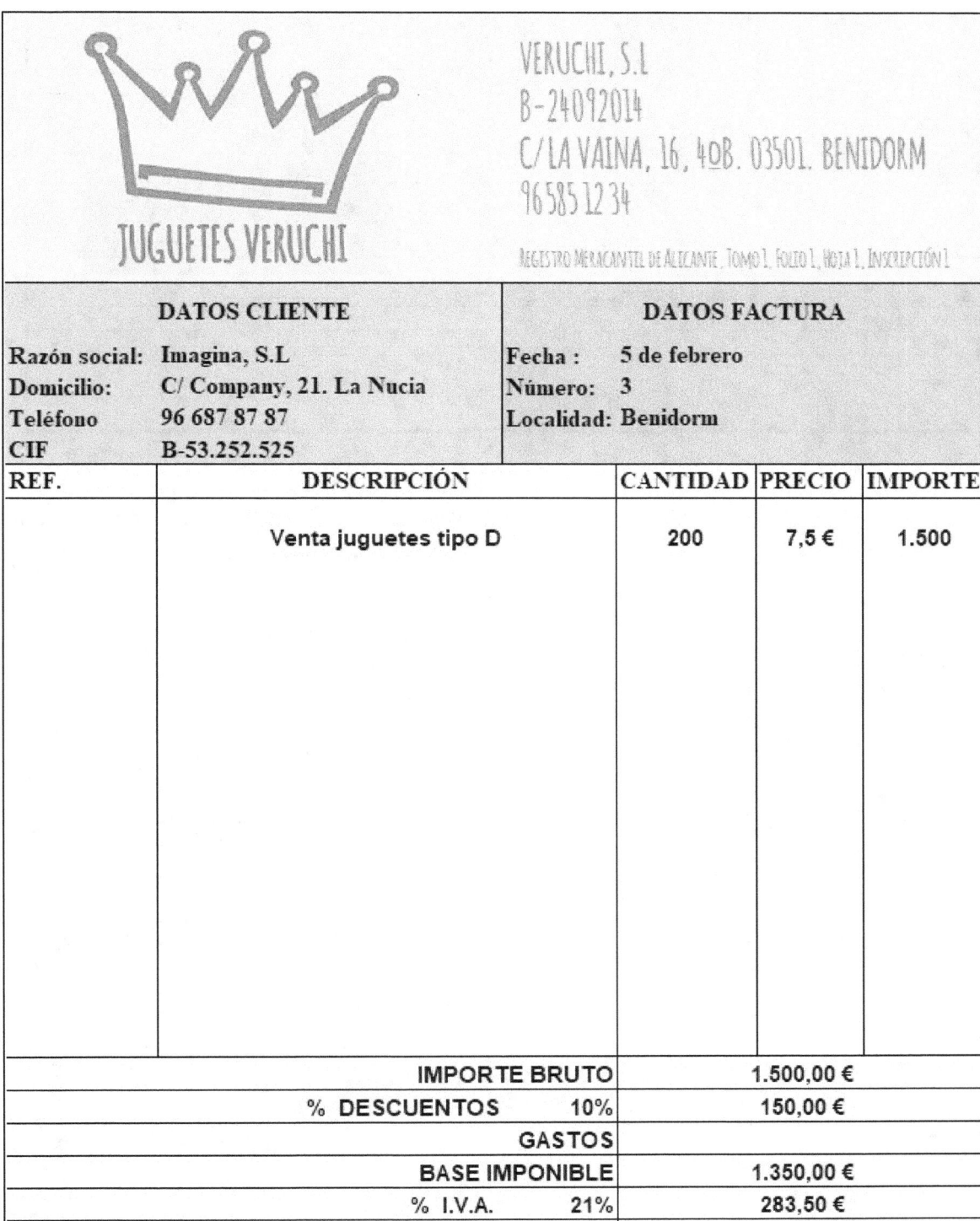

		VERUCHI, S.L
		B-24092014
		C/ LA VAINA, 16, 4oB. 03501. BENIDORM
		96 585 12 34
		Registro Meracantel de Alicante. Tomo 1, Folio 1, Hoja 1, Inscripción 1

JUGUETES VERUCHI

DATOS CLIENTE	DATOS FACTURA
Razón social: Imagina, S.L	Fecha : 5 de febrero
Domicilio: C/ Company, 21. La Nucia	Número: 3
Teléfono 96 687 87 87	Localidad: Benidorm
CIF B-53.252.525	

REF.	DESCRIPCIÓN	CANTIDAD	PRECIO	IMPORTE
	Venta juguetes tipo D	200	7,5 €	1.500

IMPORTE BRUTO		1.500,00 €
% DESCUENTOS	10%	150,00 €
GASTOS		
BASE IMPONIBLE		1.350,00 €
% I.V.A.	21%	283,50 €
TOTAL I.V.A. INCLUIDO		1.633,50 €

36) El 6 de febrero, Imagina le entrega un pagaré con vencimiento 25 de febrero para pagarle la factura 3.

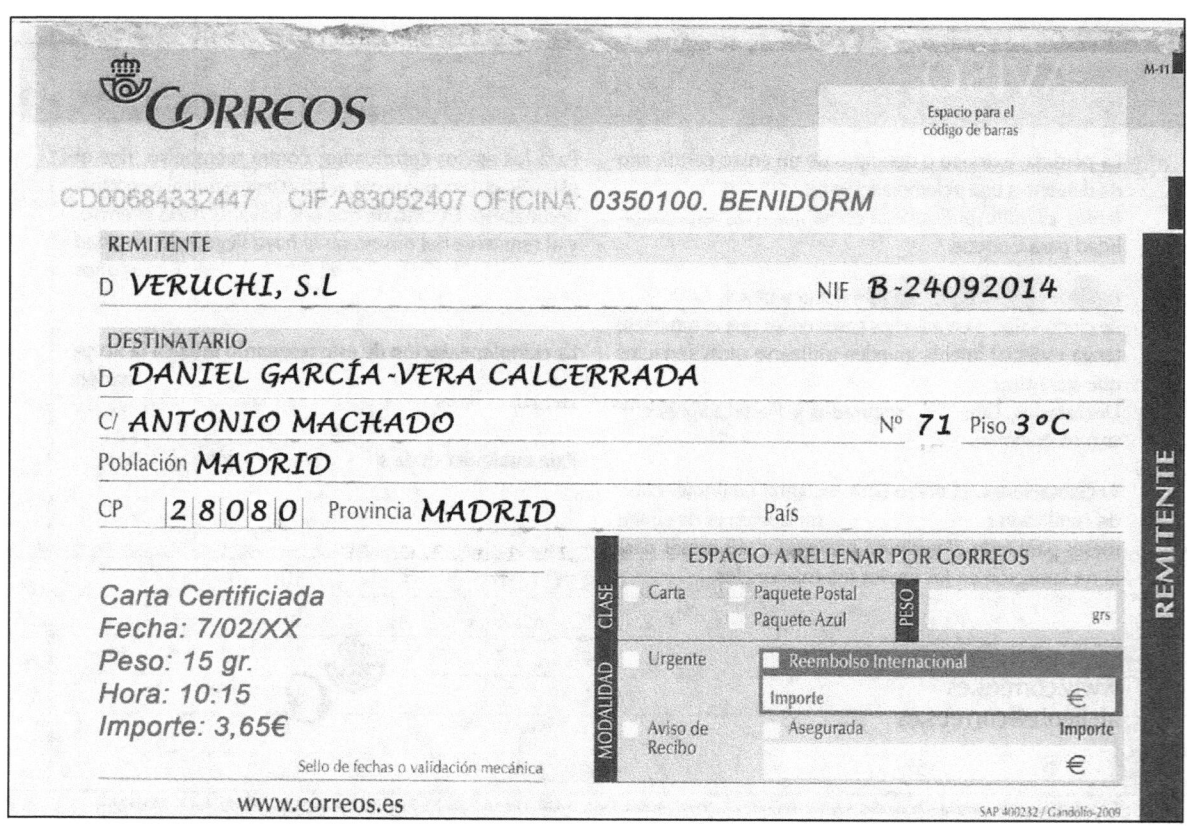

37) El 7 de febrero envía una carta certificada en Correos. Paga los 3,65€ en efectivo. El envío de cartas certificadas mediante correos es algo que se hace de una manera muy esporádica.

38) El 8 de febrero recibe la factura de la empresa que se encarga de la limpieza del local.

Razón social: Clean Up, S.L **Domicilio:** C/ Tomás Ortuño, 21. 2°A **CIF:** B-53.876.321 **Teléfono:** 96 585 91 29		

DATOS CLIENTE	**DATOS FACTURA**
Razón social: Veruchi, S.L **Domicilio:** C/ la Vaina, 16, 4°B. Benidorm **Teléfono** 965851234 **CIF** B-24092014	**Fecha:** 8 de febrero **Número:** 89 **Localidad:** Benidorm

REF.	DESCRIPCIÓN	CANTIDAD	PRECIO	IMPORTE
	Servicio limpieza primer trimestre			270

IMPORTE BRUTO	270,00 €
DESCUENTOS	0,00 €
GASTOS	
BASE IMPONIBLE	270,00 €
I.V.A. 21,00%	56,70 €
TOTAL I.V.A. INCLUIDO	326,70 €

39) El 8 de febrero, la empresa Clean Up le carga en la cuenta el importe de la factura 89.

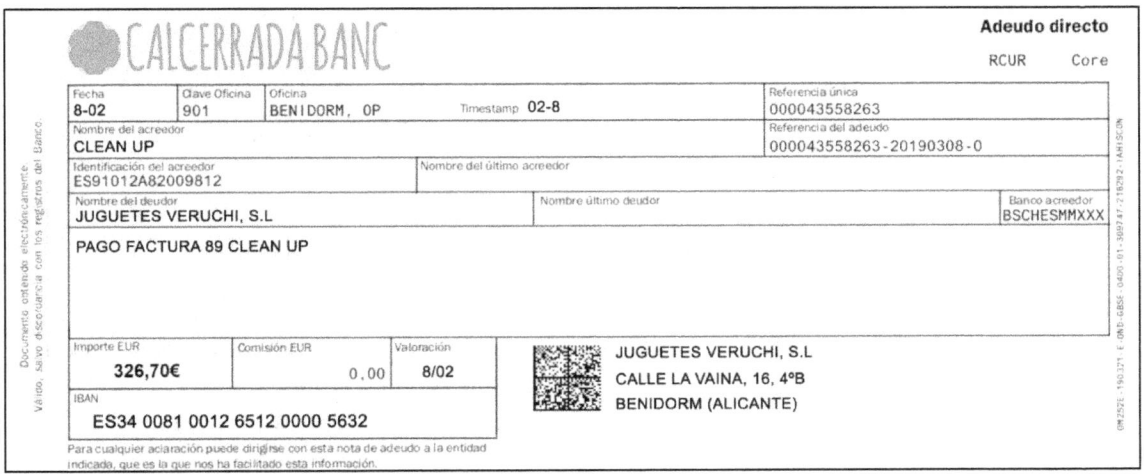

40) El 9 de febrero realiza una venta a Juguetitos, S.L. Le entrega la siguiente factura:

JUGUETES VERUCHI

VERUCHI, S.L
B-24092014
C/ LA VAINA, 16, 4oB. 03501. BENIDORM
96 585 12 34

Registro Mercantil de Alicante, Tomo 1, Folio 1, Hoja 1, Inscripción 1

DATOS CLIENTE		DATOS FACTURA	
Razón social:	Juguetitos, S.L	Fecha :	9 de febrero
Domicilio:	C/ Amanecer, 22. Jávea	Número:	4
Teléfono	96 584 32 98	Localidad:	Benidorm
CIF	B-12 456 987		

REF.	DESCRIPCIÓN	CANTIDAD	PRECIO	IMPORTE
	Juguetes tipo A	25	10,75 €	268,75 €
	Juguetes tipo B	40	18,25 €	730,00 €

IMPORTE BRUTO		998,75 €
% DESCUENTOS 0%		0,00 €
GASTOS		
BASE IMPONIBLE		998,75 €
% I.V.A. 21%		209,74 €
TOTAL I.V.A. INCLUIDO		1.208,49 €

41) Para poder entregar el pedido anterior a Juguetitos, contrata el día 10 de febrero los servicios de una empresa de transporte. Los gastos de transporte los asume Juguetes Veruchi y no se los cobra a su cliente Juguetitos.

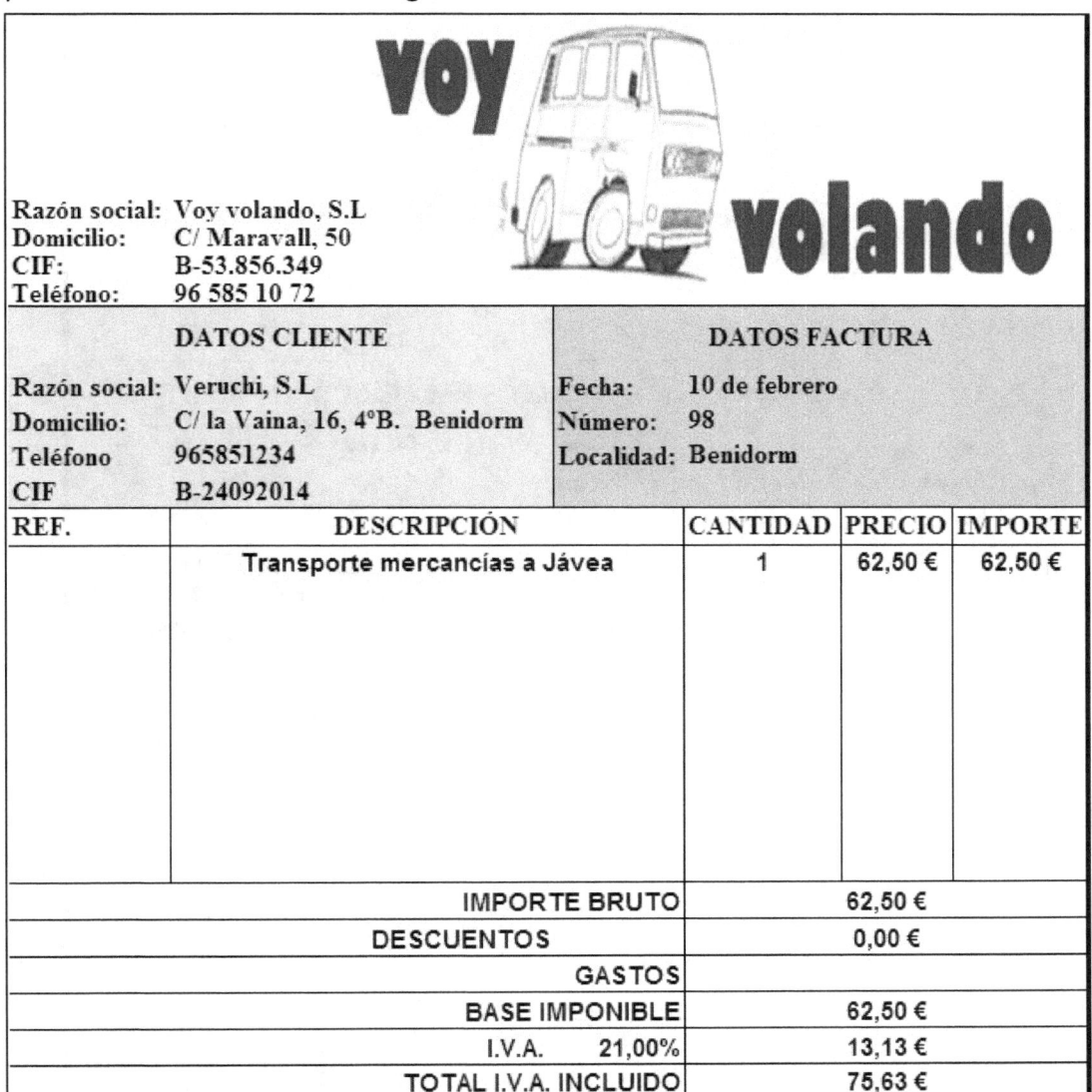

Razón social: Voy volando, S.L			
Domicilio: C/ Maravall, 50			
CIF: B-53.856.349			
Teléfono: 96 585 10 72			

DATOS CLIENTE		**DATOS FACTURA**	
Razón social: Veruchi, S.L		**Fecha:** 10 de febrero	
Domicilio: C/ la Vaina, 16, 4ºB. Benidorm		**Número:** 98	
Teléfono 965851234		**Localidad:** Benidorm	
CIF B-24092014			

REF.	DESCRIPCIÓN	CANTIDAD	PRECIO	IMPORTE
	Transporte mercancías a Jávea	1	62,50 €	62,50 €

IMPORTE BRUTO	62,50 €	
DESCUENTOS	0,00 €	
GASTOS		
BASE IMPONIBLE	62,50 €	
I.V.A. 21,00%	13,13 €	
TOTAL I.V.A. INCLUIDO	75,63 €	

42) El 10 de febrero paga a la empresa Voy Volando la factura 98 en efectivo.

RECIBO Nº 52

10 de Febrero de

Recibí de Veruchi, S.L

La cantidad de Euros Setenta y cinco euros con sesenta y tres céntimos------------------------------
por Pago factura 98

Euros # 75,63 #   Fdo.

43) El 11 de febrero, la empresa Juguetitos se pone en contacto con Juguetes Veruchi, ya que los "juguetes tipo A" están defectuosos y quiere devolverlos. Ese mismo día Juguetitos devuelve los juguetes y Juguetes Veruchi hace una factura rectificativa.

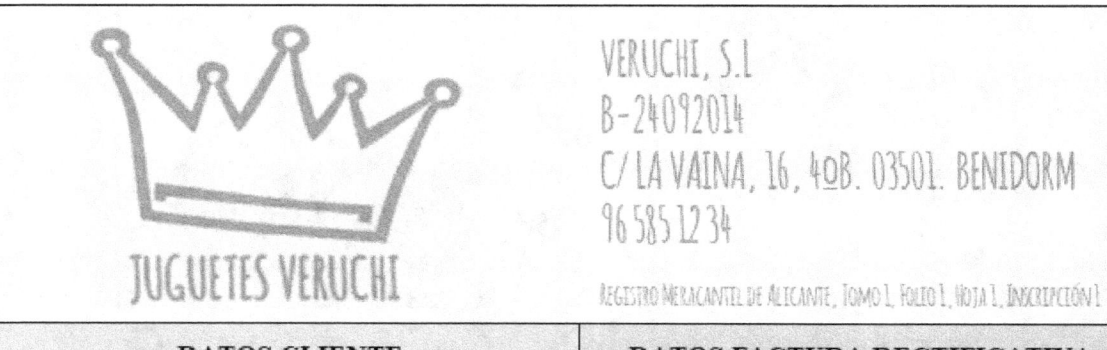

VERUCHI, S.L
B-24092014
C/ LA VAINA, 16, 4oB. 03501. BENIDORM
96 585 12 34

Registro Mercantil de Alicante, Tomo 1, Folio 1, Hoja 1, Inscripción 1

DATOS CLIENTE		DATOS FACTURA RECTIFICATIVA	
Razón social:	Juguetitos, S.L	Fecha :	11 de febrero
Domicilio:	C/ Amanecer, 22. Jávea	Número:	R1
Teléfono	96 584 32 98	Localidad:	Benidorm
CIF	B-12 456 987		

REF.	DESCRIPCIÓN	CANTIDAD	PRECIO	IMPORTE
	Devolución Juguetes Tipo A	-25	10,75 €	-268,75 €

IMPORTE BRUTO		-268,75 €
% DESCUENTOS	0%	0,00 €
GASTOS		
BASE IMPONIBLE		-268,75 €
% I.V.A.	21%	-56,44 €
TOTAL I.V.A. INCLUIDO		-325,19 €

44) El 12 de febrero llega la transferencia del cliente Juguetitos. El importe de la transferencia es de la suma de las facturas 4 y R.1.

CALCERRADA BANC			Transferencia Abono
			BENIDORM, OP 11.20.00.872398 - 01

Ordenante	Fecha emisión	Clave del banco
JUGUETITOS, S.L	11-02	2038-9622

Entidad ordenante
BBVA

Beneficiario	BIC Banco del beneficiario
JUGUETES VERUCHI, S.L	BSABESBBXXX

	IBAN Cliente beneficiario
	ES34 0081 0012 6512 0000 5632

Observaciones	Referencia
COBRO FACTURAS 4 Y R1	SCP46962298791 9039D5946423845

Nominal	Tipo de gastos	% Comisión	Comisión	Correo	Líquido	Fecha valor abono
EUR- 883,30€	COMPARTIDOS	0,00	0,00	0,00	EUR- 883,30€	12-02

Documento obtenido electrónicamente. Válido, salvo discrepancia con los registros del Banco.

45) El 12 de febrero compra unas estanterías para la oficina en Tus Muebles.

Razón social: Tus Muebles, S.L Domicilio: Avda. Mediterráneo, 45. Villajoyosa CIF: B-96.478.632 Teléfono: 96 687 52 58			
DATOS CLIENTE Razón social: Veruchi, S.L Domicilio: C/ la Vaina, 16, 4ºB. Benidorm Teléfono 965851234 CIF B-24092014	**DATOS FACTURA** Fecha: 12 de febrero Número: 153 Localidad: Villajoyosa		
REF.	DESCRIPCIÓN	CANTIDAD	PRECIO	IMPORTE
	Estanteria lacada blanca	2	90,00 €	180,00 €
IMPORTE BRUTO		180,00 €	
DESCUENTOS 5,00%		9,00 €	
GASTO TRANSPORTE		12,00 €	
BASE IMPONIBLE		183,00 €	
I.V.A. 21,00%		38,43 €	
TOTAL I.V.A. INCLUIDO		221,43 €	

46) El 12 de febrero, paga la factura 153 de Tus Muebles con la tarjeta de débito de la empresa

47) El 14 de febrero, realiza una compra de mercaderías a la empresa Toy World.

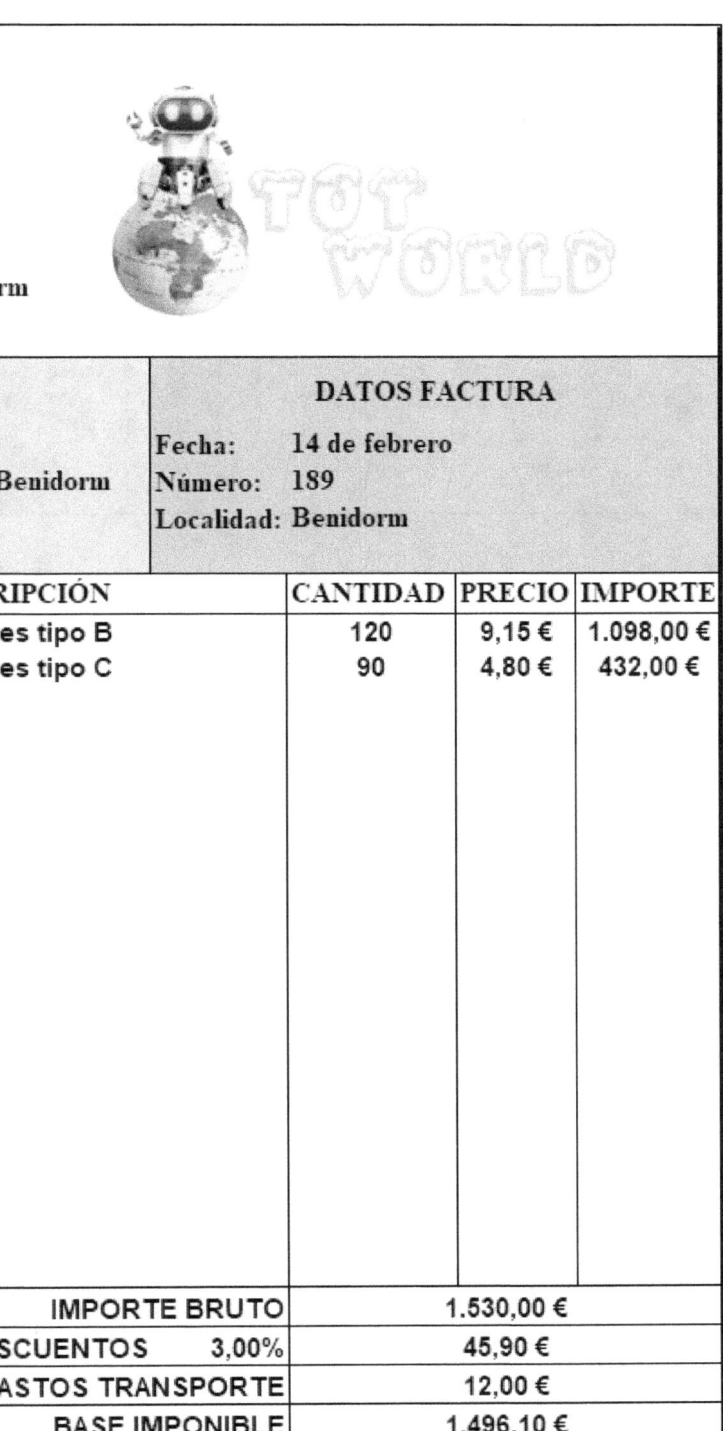

Razón social:	Tov World. S.L
Domicilio:	C/ Venus. 43. Benidorm
CIF:	B-95.175.328
Teléfono:	96 585 99 55

DATOS CLIENTE		DATOS FACTURA	
Razón social:	Veruchi, S.L	Fecha:	14 de febrero
Domicilio:	C/ la Vaina, 16, 4ºB. Benidorm	Número:	189
Teléfono	965851234	Localidad:	Benidorm
CIF	B-24092014		

REF.	DESCRIPCIÓN	CANTIDAD	PRECIO	IMPORTE
4.752-A	Juguetes tipo B	120	9,15 €	1.098,00 €
1.864-A	Juguetes tipo C	90	4,80 €	432,00 €

IMPORTE BRUTO	1.530,00 €
DESCUENTOS 3,00%	45,90 €
GASTOS TRANSPORTE	12,00 €
BASE IMPONIBLE	1.496,10 €
I.V.A. 21,00%	314,18 €
TOTAL I.V.A. INCLUIDO	1.810,28 €

48) El 15 de febrero, La Gosita cobra el pagaré.

CALCERRADA BANC					Adeudo directo	
					RCUR	Core

Fecha	Clave Oficina	Oficina			Referencia única	
15-02	901	BENIDORM, OP	Timestamp	02-15	000043558263	

Nombre del acreedor	Referencia del adeudo
LA GOSITA	000043558263-20190308-0

Identificación del acreedor	Nombre del último acreedor
ES91012A82009812	

Nombre del deudor	Nombre último deudor	Banco acreedor
JUGUETES VERUCHI, S.L		BSCHESMMXXX

PAGO PAGARÉ 001/16

Importe EUR	Comisión EUR	Valoración	
3.055 €	0,00	15/02	JUGUETES VERUCHI, S.L
			CALLE LA VAINA, 16, 4ºB
			BENIDORM (ALICANTE)

IBAN
ES34 0081 0012 6512 0000 5632

Para cualquier aclaración puede dirigirse con esta nota de adeudo a la entidad indicada, que es la que nos ha facilitado esta información.

Documento obtenido electrónicamente. Válido, salvo discordancia con los registros del Banco.

49) El 16 de febrero, el comercial de Toy World le comunica a Juguetes Veruchi que si le paga ese mismo día, le hace un descuento por pronto pago del 3% de su última factura. Juguetes Veruchi acepta la propuesta, por lo que Toy World le hace la correspondiente factura rectificativa del descuento.

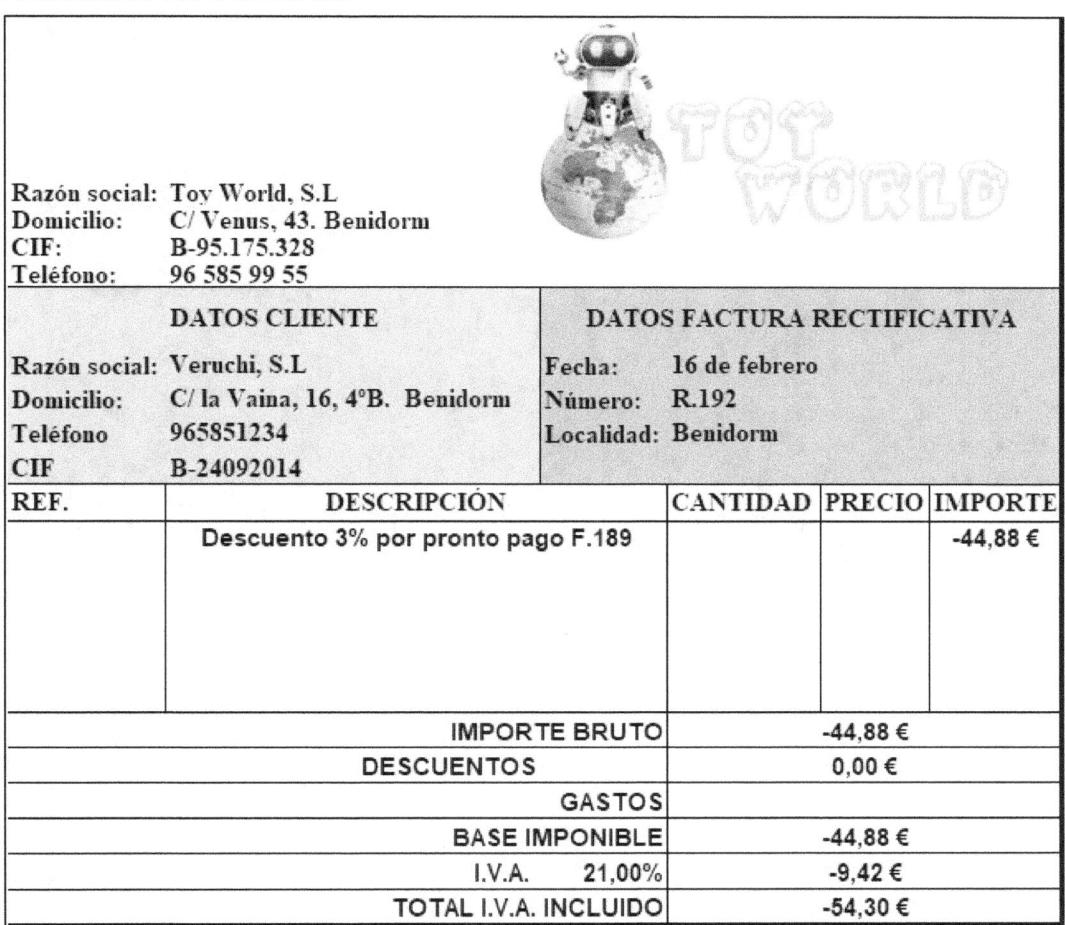

Razón social:	Toy World, S.L				
Domicilio:	C/ Venus, 43. Benidorm				
CIF:	B-95.175.328				
Teléfono:	96 585 99 55				

DATOS CLIENTE		DATOS FACTURA RECTIFICATIVA	
Razón social:	Veruchi, S.L	Fecha:	16 de febrero
Domicilio:	C/ la Vaina, 16, 4°B. Benidorm	Número:	R.192
Teléfono	965851234	Localidad:	Benidorm
CIF	B-24092014		

REF.	DESCRIPCIÓN	CANTIDAD	PRECIO	IMPORTE
	Descuento 3% por pronto pago F.189			-44,88 €
	IMPORTE BRUTO			-44,88 €
	DESCUENTOS			0,00 €
	GASTOS			
	BASE IMPONIBLE			-44,88 €
	I.V.A. 21,00%			-9,42 €
	TOTAL I.V.A. INCLUIDO			-54,30 €

50) El día 17 de febrero, le paga mediante una transferencia bancaria a Toy World el importe de la factura 189 menos el descuento aplicado en la factura R.192.

CALCERRADA BANC

Transferencia Emitida
BENIDORM, OP
20.57.57.787793 01

Ordenante		Fecha emisión	Fecha valor de cargo en cuenta
JUGUETES VERUCHI, S.L		17-02	17-02

IBAN cliente ordenante
ES34 0081 0012 6512 0000 5632

Por cuenta de:

Referencia:

Cuenta/IBAN cliente beneficiario
ES25 01985 0214 5896 4123 9780

Beneficiario

BIC banco del beneficiario
BSABE SBBXXX

TOY WORLD, S.L

Banco del beneficiario
BANCO DE SABADELL S.A.

A favor de:

Tipo de gastos	Referencia
COMPARTIDOS	306381925

Referencia:

Observaciones

Canal origen	Fecha valor pago
INTERNET	17-02

PAGO FACTURAS 189 Y R192

Nominal	% Comisión	Comisión	Correo	Swift	Gastos de corresponsal	Com. adicional	Com. urgencia	Líquido
EUR- 1.755,98 €	0,00	0,00	0,00					1.755,98

51) El 17 de febrero vende mercaderías a Toisarrás. **Los gastos de transporte se los carga en la factura y corren a cuenta del cliente**.

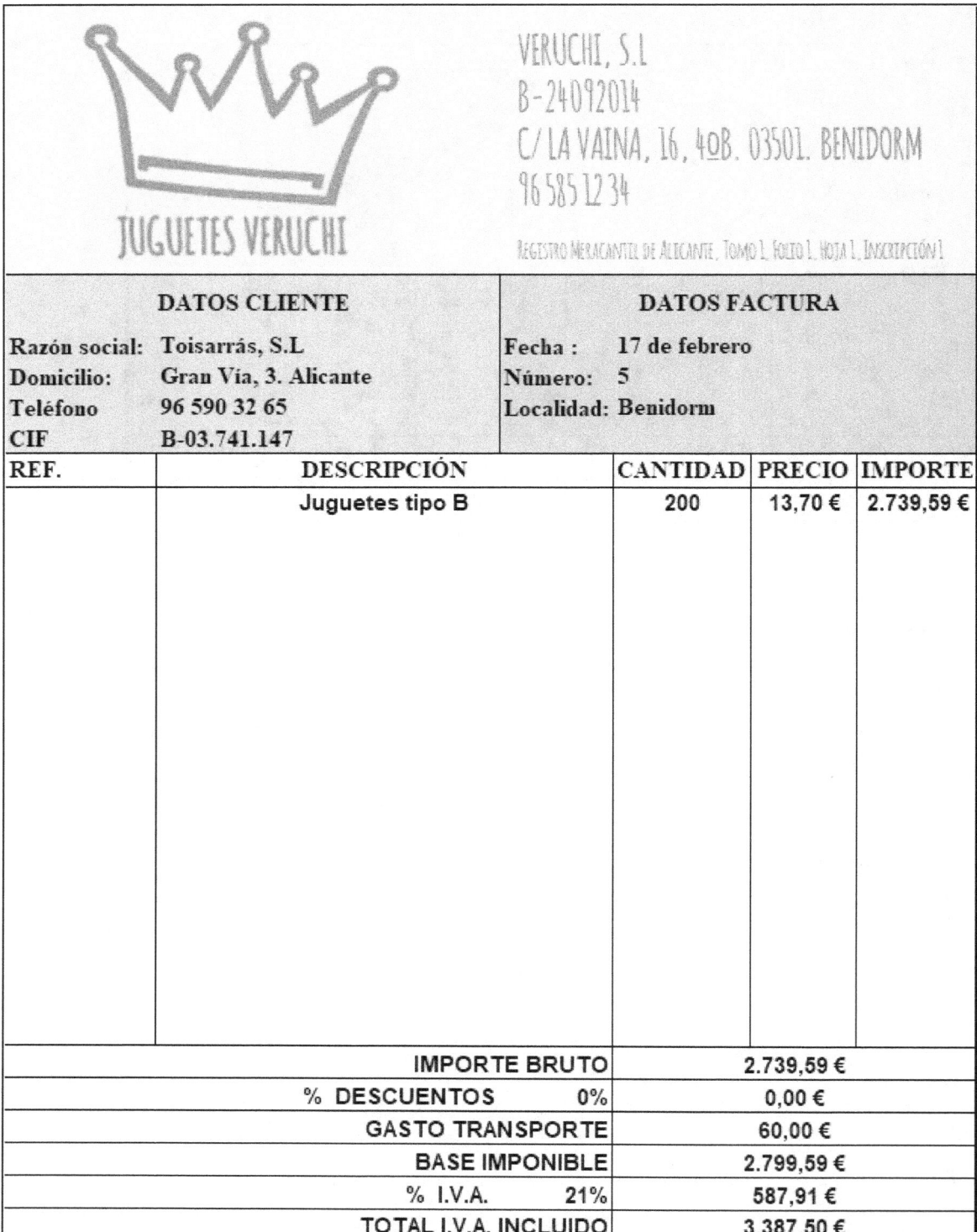

JUGUETES VERUCHI

VERUCHI, S.L
B-24092014
C/ LA VAINA, 16, 4oB. 03501. BENIDORM
96 585 12 34

Registro Mercantil de Alicante, Tomo 1, Folio 1, Hoja 1, Inscripción 1

DATOS CLIENTE		DATOS FACTURA	
Razón social:	Toisarrás, S.L	Fecha :	17 de febrero
Domicilio:	Gran Vía, 3. Alicante	Número:	5
Teléfono	96 590 32 65	Localidad:	Benidorm
CIF	B-03.741.147		

REF.	DESCRIPCIÓN	CANTIDAD	PRECIO	IMPORTE
	Juguetes tipo B	200	13,70 €	2.739,59 €

IMPORTE BRUTO		2.739,59 €
% DESCUENTOS	0%	0,00 €
GASTO TRANSPORTE		60,00 €
BASE IMPONIBLE		2.799,59 €
% I.V.A.	21%	587,91 €
TOTAL I.V.A. INCLUIDO		3.387,50 €

52) El mismo día 17 de febrero, Toisarrás le paga con un pagaré con vencimiento 1 de marzo.

BANCO CARIBEÑO			ENTIDAD	OFICINA	D.C.	NUM.DE CUENTA
		C.C.C	1234	5678	90	1234567890
		IBAN	ES	1234 5678 90 1234567890		
C/ Panamá, 7. 03501, Benidorm						
Vencimiento 1 de marzo			EUROS	#3.387,50€#		
Por este **pagaré** me comprometo a pagar el día del vencimento indicado						
A VERUCHI, S.L						
Euros Tres mil trescientos ochenta y siete euros con cincuenta céntimos ----------------------------						
Benidorm, a 17 de febrero de XX						
Serie 142 Nº de pagaré 94						

53) El 18 de febrero, para llevar el pedido de Toisarrás hasta Alicante, contrata los servicios de la empresa de transporte Voy Volando. Ese mismo día presta el servicio y entrega la factura a Juguetes Veruchi.

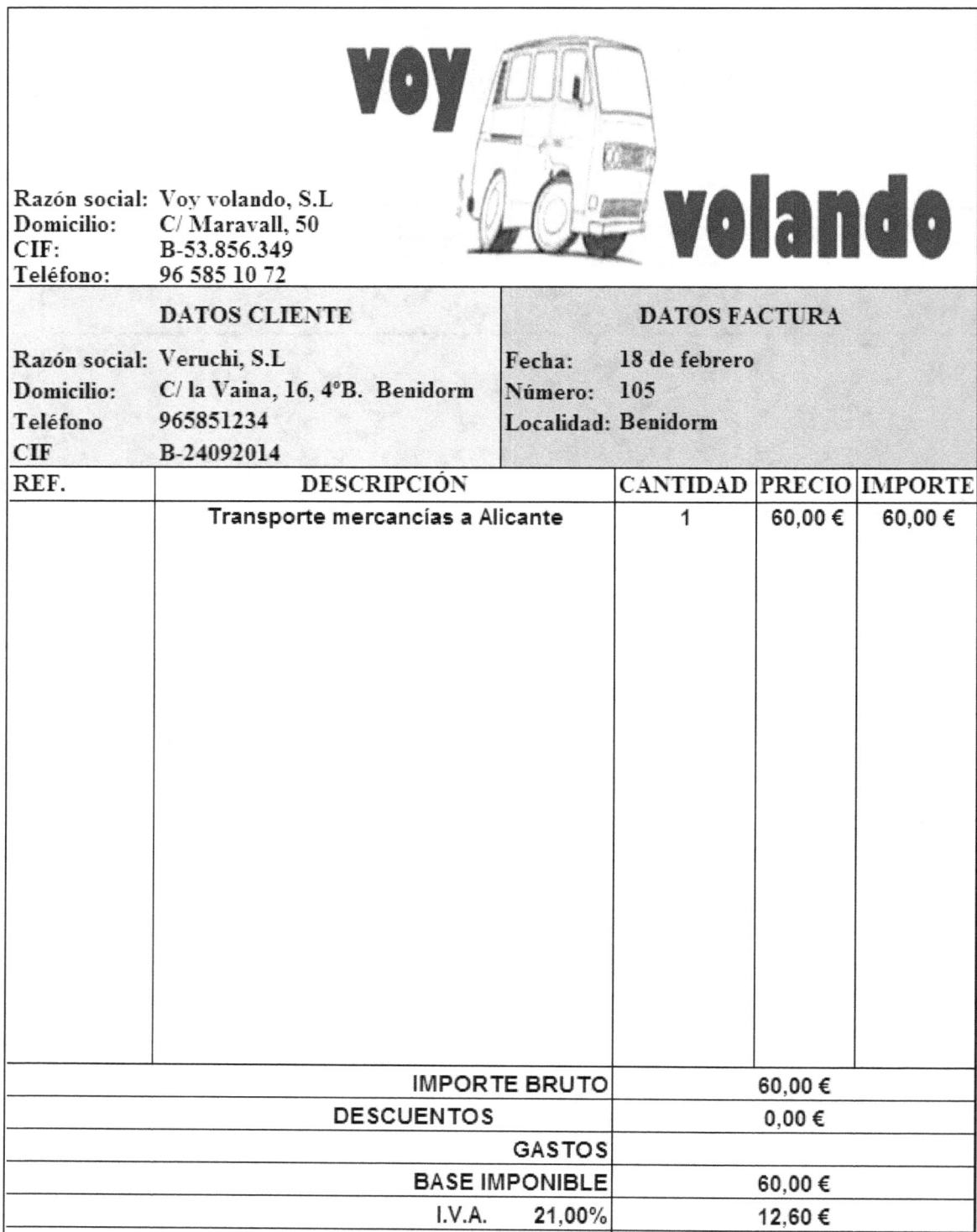

Razón social: Voy volando, S.L					
Domicilio: C/ Maravall, 50					
CIF: B-53.856.349					
Teléfono: 96 585 10 72					
DATOS CLIENTE			DATOS FACTURA		
Razón social: Veruchi, S.L			Fecha: 18 de febrero		
Domicilio: C/ la Vaina, 16, 4ºB. Benidorm			Número: 105		
Teléfono 965851234			Localidad: Benidorm		
CIF B-24092014					
REF.	DESCRIPCIÓN		CANTIDAD	PRECIO	IMPORTE
	Transporte mercancías a Alicante		1	60,00 €	60,00 €
	IMPORTE BRUTO			60,00 €	
	DESCUENTOS			0,00 €	
	GASTOS				
	BASE IMPONIBLE			60,00 €	
	I.V.A. 21,00%			12,60 €	
	TOTAL I.V.A. INCLUIDO			72,60 €	

54) El día 18 de febrero paga en efectivo a Voy Volando la factura 105.

55) El 25 de febrero, ingresa en la cuenta corriente el pagaré de Imagina, con el que había cobrado la factura número 3.

56) El 25 de febrero paga mediante un cargo en la cuenta corriente la Seguridad Social de enero

57) El 25 de febrero llega la factura de Timostar.

TIMOSTAR

Razón social:	Timostar, S.A
Domicilio:	Avda. de las Naciones, 12. 28080. Madrid
CIF:	A-12.345.678
Teléfono:	911328567

DATOS CLIENTE		DATOS FACTURA	
Razón social:	Veruchi, S.L	**Fecha:**	25 de febrero
Domicilio:	C/ la Vaina, 16, 4ºB. Benidorm	**Número:**	21.568
Teléfono	965851234	**Localidad:**	Madrid
CIF	B-24092014		

REF.	DESCRIPCIÓN	CANTIDAD	PRECIO	IMPORTE
	Servicio línea telefónica + ADSL			72,5

IMPORTE BRUTO	72,50 €
DESCUENTOS 0,00%	0,00 €
GASTOS	0,00 €
BASE IMPONIBLE	72,50 €
I.V.A. 21,00%	15,23 €
TOTAL I.V.A. INCLUIDO	87,73 €

58) El 26 de febrero le cargan la factura de Timostar 21.568 en la cuenta corriente.

CALCERRADA BANC

Adeudo directo

RCUR Core

Fecha	Clave Oficina	Oficina	Timestamp	Referencia única
26-02	901	BENIDORM, OP	02-26	000043558263

Nombre del acreedor	Referencia del adeudo
TIMOSTAR	000043558263-20190308-0

Identificación del acreedor	Nombre del último acreedor
ES91012A82009812	

Nombre del deudor	Nombre último deudor	Banco acreedor
JUGUETES VERUCHI, S.L		BSCHESMMXXX

PAGO FACTURA 21.568 TIMOSTAR

Importe EUR	Comisión EUR	Valoración
87,73€	0,00	26/02

IBAN: ES34 0081 0012 6512 0000 5632

JUGUETES VERUCHI, S.L
CALLE LA VAINA, 16, 4ºB
BENIDORM (ALICANTE)

Para cualquier aclaración puede dirigirse con esta nota de adeudo a la entidad indicada, que es la que nos ha facilitado esta información.

Documento obtenido electrónicamente. Válido salvo discordancia con los registros del Banco.

DM252E-190321-E-OND-GBSE-0400-01-300747-218292-IAHISCON

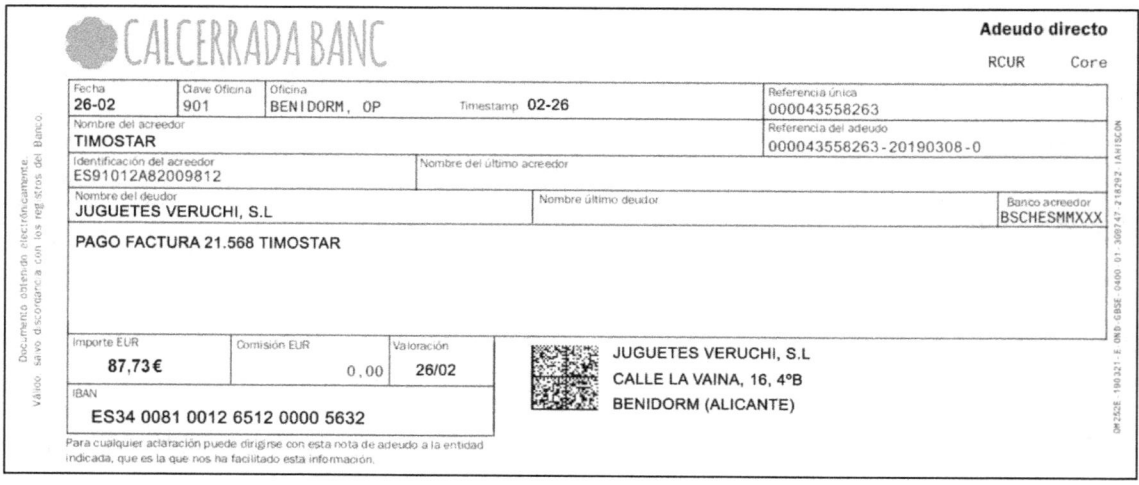

59) El 27 de febrero recibe una factura de Iberluz.

Razón social:	Iberluz, S.A
Domicilio:	Avda. Filipinas, 32. 28082. Madrid
CIF:	A-85.258.964
Teléfono:	902 900 900

DATOS CLIENTE		DATOS FACTURA	
Razón social:	Veruchi, S.L	Fecha:	27 de febrero
Domicilio:	C/ la Vaina, 16, 4ºB. Benidorm	Número:	41.351
Teléfono	965851234	Localidad:	Madrid
CIF	B-24092014		

REF.	DESCRIPCIÓN	CANTIDAD	PRECIO	IMPORTE
	Alquiler contador			5
	Tarifa mensual por tramos			81,24

IMPORTE BRUTO	86,24 €
DESCUENTOS	0,00 €
GASTOS	
BASE IMPONIBLE	86,24 €
I.V.A. 21,00%	18,11 €
TOTAL I.V.A. INCLUIDO	104,35 €

60) El 28 de febrero recibe la factura de Aquayes de los meses de enero y febrero.

AQUAYES

Razón social:	AQUAYES, S.A
Domicilio:	Avda. de las Naciones, 62. Alicante
CIF:	A-53.418.529
Teléfono:	902 123 321

DATOS CLIENTE		DATOS FACTURA	
Razón social:	Veruchi, S.L	Fecha:	28 de febrero
Domicilio:	C/ la Vaina, 16, 4ºB. Benidorm	Número:	9.587
Teléfono	965851234	Localidad:	Alicante
CIF	B-24092014		

REF.	DESCRIPCIÓN	CANTIDAD	PRECIO	IMPORTE
	Abastecimiento de agua			32,40 €
	Saneamiento			3,25 €
	Depuración			4,10 €
	Canon de mejora			0,50 €

IMPORTE BRUTO	40,25 €
DESCUENTOS	0,00 €
GASTOS	
BASE IMPONIBLE	40,25 €
I.V.A. 10,00%	4,03 €
TOTAL I.V.A. INCLUIDO	44,28 €

61) El 28 de febrero, el banco le liquida los intereses a su favor de la cuenta corriente.

● CALCERRADA BANC	**ABONO POR DOMICILIACIÓN DE RECIBOS** BENIDORM, OP 06.06.17 TLF:965595256 FAX:966813552 01

Concepto	Importe
Abono de intereses bimestrales periodo enero - febrero	5,06 EUR
Retención impuestos (19%)	0,96 EUR
IBAN ES39 0081 0012 65 1200005632	4,10 EUR

62) El 28 de febrero le cargan en el banco el recibo de la hipoteca del local comercial:

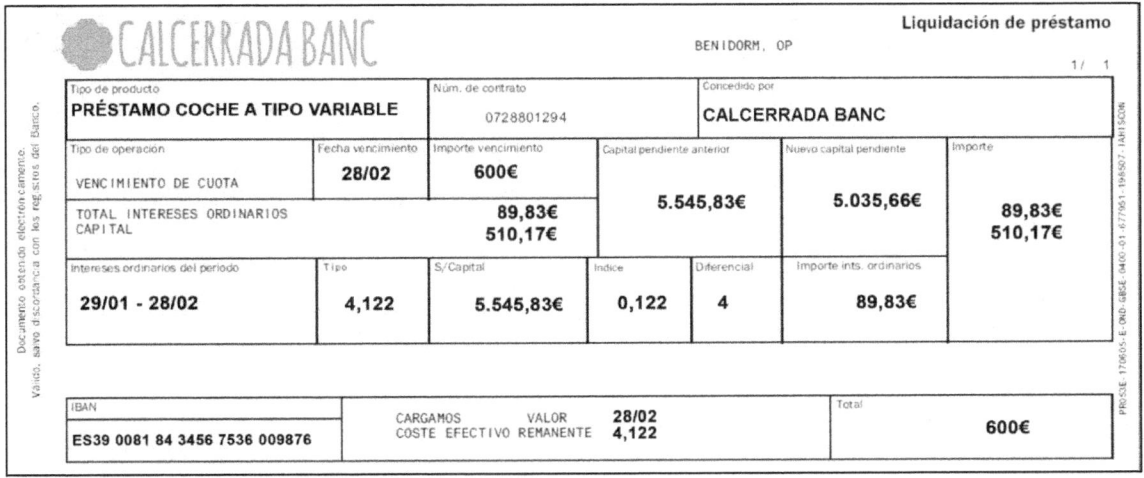

● CALCERRADA BANC				BENIDORM, OP		**Liquidación de préstamo** 1/ 1

Tipo de producto **HIPOTECA LOCAL A TIPO VARIABLE**	Núm. de contrato 0728801294		Concedido por **CALCERRADA BANC**			
Tipo de operación VENCIMIENTO DE CUOTA	Fecha vencimiento **28/02**	Importe vencimiento **360€**	Capital pendiente anterior	Nuevo capital pendiente	Importe	
TOTAL INTERESES ORDINARIOS CAPITAL		**55€** **305€**	**29.300€**	**28.995€**	**55€** **305€**	
Intereses ordinarios del periodo **29/01 - 28/02**	Tipo **0,622**	S/Capital **29.300€**	Índice **0,122**	Diferencial **0,50**	Importe ints. ordinarios **55€**	

IBAN ES39 0081 12 3456 7890 001234	CARGAMOS VALOR **28/02** COSTE EFECTIVO REMANENTE **0,622**	Total **360€**

63) El 28 de febrero le cargan en el banco el recibo del préstamo del coche

● CALCERRADA BANC				BENIDORM, OP		**Liquidación de préstamo** 1/ 1

Tipo de producto **PRÉSTAMO COCHE A TIPO VARIABLE**	Núm. de contrato 0728801294		Concedido por **CALCERRADA BANC**			
Tipo de operación VENCIMIENTO DE CUOTA	Fecha vencimiento **28/02**	Importe vencimiento **600€**	Capital pendiente anterior	Nuevo capital pendiente	Importe	
TOTAL INTERESES ORDINARIOS CAPITAL		**89,83€** **510,17€**	**5.545,83€**	**5.035,66€**	**89,83€** **510,17€**	
Intereses ordinarios del periodo **29/01 - 28/02**	Tipo **4,122**	S/Capital **5.545,83€**	Índice **0,122**	Diferencial **4**	Importe ints. ordinarios **89,83€**	

IBAN ES39 0081 84 3456 7536 009876	CARGAMOS VALOR **28/02** COSTE EFECTIVO REMANENTE **4,122**	Total **600€**

64) El 28 de febrero contabiliza la nómina de su trabajadora.

EMPRESA: VERUCHI, S.L		TRABAJADOR: MÓNICA ARRIETA RODRÍGUEZ		
Domicilio C/ LA VAINA, 16, 4ºB. BENIDORM		Categoría Profesional: Jefes administrativos y de taller	N.I.F.48.304.148-E	
Código de cuenta de cotización	C.I.F.	Grupo de cotización: 3	Antigüedad: 2/04/2015	
03019132656	24.092.014-B	Número de afiliación a la Seguridad Social 03/0246813579		
Periodo de liquidación: Del 1 de Febrero al 28 de Febrero de 20XX			Total días: 30	

I.- DEVENGOS		IMPORTES
1 Percepciones salariales		
Salario base		1.080 €
Complementos salariales		
Antigüedad		60 €
Idiomas		100 €
		€
Horas extraordinarias		75 €
Gratificaciones extraordinarias		€
Prorrata pagas extras		€
Salario en especie		€
2 Percepciones no salariales		
Indemnizaciones o suplidos		
		€
		€
Prestaciones e indemnizaciones de la Seg.Social		
		€
Indemnizaciones por traslados, modif..sust. o despido		
		€
Otras percepciones no salariales		
		€
		€
A. TOTAL DEVENGADO		**1.315 €**

II.- DEDUCCIONES		
1- Aportación del trabajador a la Seguridad Social		
Contingencias comunes	4,70 %	63,14 €
Desempleo	1,55 %	21,98 €
Formación Profesional	0,10 %	1,42 €
Horas Extras	4,70 %	3,53 €
Horas Extras por fuerza mayor	%	€
TOTAL APORTACIONES		90,07€
2- Retenciones a cuenta del IRPF S/	10 %	131,50 €
3- Anticipos		€
4- Valor de los productos recibidos en especie		€
5- Otras deducciones		€
B. TOTAL A DEDUCIR		**221,57 €**
LIQUIDO A PERCIBIR (A-B)		**1.093,43 €**

Firma y sello de la empresa

En Benidorm, a 28 de Febrero de 20XX
RECIBí:

DETERMINACIÓN DE LAS BASES DE COTIZACIÓN			APORTACIÓN DE LA EMPRESA A LA S.S	
1- Base de cotización por contingencias comunes				
Remuneración mensual		1.240 €		
Prorrata pagas extraordinarias		103,33 €		
TOTAL		1.343,33 €	23,60%	317,03€
2- Base de cotización por	AT y EP	1.418,33 €	1,65%	23,40€
contingencias profesionales y otros	IMS	1.418,33 €	1,20%	17,02€
otros conceptos de recaudación conjunta	Desempleo, FP y FOGASA	1.418,33 €	6,20%	87.94€
3- Base de cotización por horas extras		75 €	23.60%	17,70€
4- Base de cotización por horas extras fuerza		0 €	12%	
5- Base sujeta a retención del I.R.P.F.		1.315 €	APORT. EMPRESA	463,09€

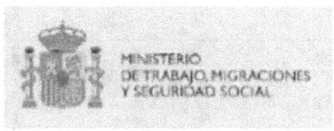

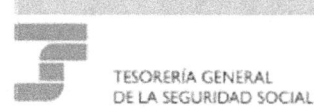

TESORERÍA GENERAL
DE LA SEGURIDAD SOCIAL

Recibo de Liquidación de Cotizaciones

Datos de envío

N° de autorización: 21111
Código de envío: 0212000628   Referencia del envío: 0002

Datos de empresa

Código de Cuenta de Cotización: 01110174040611   P. Liq.: 02 - 02   Cal. Liq.: L00
Razón social: VERUCHI, S.L   Identificador de empresario:
Entidad AT y EP: 275   N° de trabajadores: 1   Modalidad de Pago: COBRO POR VENTANILLA

Codificaciones Informáticas:

REFERENCIA:	FECHA:	HORA:	HUELLA:	PÁGINA:
000314040658	28/02	10:18	FAHLBB44	1

Periodo de pago	Num. Emisora	Num. Referencia	Identificación	Importe
03- 03	02827003001	0003114040658	030101	

Descripción	Base	Importe	CLV
CONTINGENCIAS COMUNES	1.343,33	380,17	
LÍQUIDO COTIZACIONES GENERALES			
CUOTAS POR IT POR AT Y EP	1.418,33	23,40	
CUOTAS POR I.M.S	1.418,33	17,02	
COMPENSACIÓN IT, AT Y EP			
LÍQUIDO A.T Y E.P			
OTRAS COTIZACIONES (DESEMPLEO, FOGASA Y F.P)	1.418,33	111,34	
SUMA DE BONIFICACIONES, SUBVENCIONES Y COMPENSACIONES			
HORAS EXTRAS	75.00	21,23	
TOTAL IMPORTE A INGRESAR			553,16

Validación mecánica/Sello de las Entidades Financieras

Este documento no implica el pago de las cuotas si no va acompañado del correspondiente comprobante de ingreso, sello o validación de la Entidad Financiera.

- -

TESORERÍA GENERAL
DE LA SEGURIDAD SOCIAL

Periodo de pago	Num. Emisora	Num. Referencia	Identificación	Importe
03 - 03	02827003001	0003114040658	030101	553,16€

C.C .C.: 01110174040611   Ident. Emp.: 030101
P. liq: 02 - 02   Huella electrónica: FAHLBB44

Cal. liq: L00

Para la Entidad Financiera, únicamente cuando el ingreso se tramite en ventanilla.

65) El 28 de febrero entrega un cheque a Mónica Arrieta.

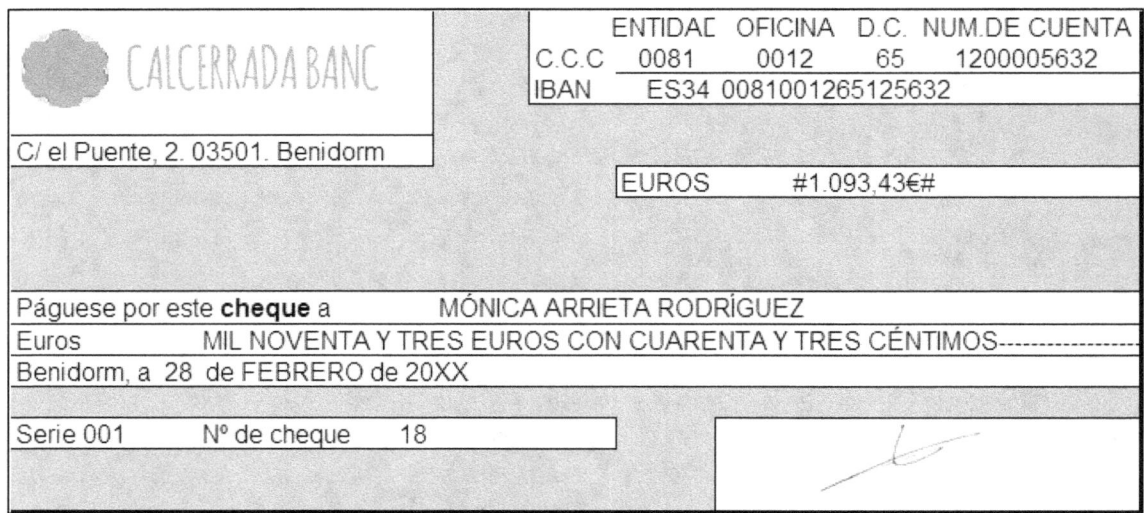

66) El 1 de marzo cobra en efectivo el pagaré número 142-94 de Toisarrás.

67) El 1 de marzo ingresa 5.000€ en efectivo en la cuenta corriente de la empresa.

68) El 2 de marzo Mónica Arrieta cobra el cheque.

69) El 2 de marzo le cargan en la cuenta corriente la factura número 41.351 de Iberluz.

70) El 3 de marzo le cargan en la cuenta corriente la factura número 9.587 de Aquayes.

71) El 4 de marzo realiza una compra a Toy World. Las mercaderías las envían en unos **embalajes retornables**. Toy World le da a Juguetes Veruchi un plazo de 15 días para devolverle los envases y pagarle la factura.

Razón social: Tov World. S.L Domicilio: C/ Venus. 43. Benidorm CIF: B-95.175.328 Teléfono: 96 585 99 55					
DATOS CLIENTE			**DATOS FACTURA**		
Razón social: Veruchi, S.L Domicilio: C/ la Vaina, 16, 4ºB. Benidorm Teléfono 965851234 CIF B-24092014			Fecha: 4 de marzo Número: 208 Localidad: Benidorm		
REF.	DESCRIPCIÓN		CANTIDAD	PRECIO	IMPORTE
895-A	Juguetes Tipo B		125	8,00 €	1.000,00 €
2.473-A	Juguetes Tipo C		167	4,00 €	668,00 €
	Embalajes retornables		2	90,00 €	180,00 €
		IMPORTE BRUTO		1.848,00 €	
		DESCUENTOS		0,00 €	
		GASTOS TRANSPORTE		30,00 €	
		BASE IMPONIBLE		1.878,00 €	
		I.V.A. 21,00%		394,38 €	
		TOTAL I.V.A. INCLUIDO		2.272,38 €	

72) El 6 de marzo realiza una compra de mercaderías a Amazonas.

Razón social: Amazonas. S.A
Domicilio: Polígono Industrial Las Rozas. 03010. Alicante
CIF: A-64.582.197
Teléfono: 96 654 456

DATOS CLIENTE		DATOS FACTURA	
Razón social:	Veruchi, S.L	Fecha:	6 de marzo
Domicilio:	C/ la Vaina, 16, 4ºB. Benidorm	Número:	32.798
Teléfono	965851234	Localidad:	Alicante
CIF	B-24092014		

REF.	DESCRIPCIÓN	CANTIDAD	PRECIO	IMPORTE
	Juguetes Tipo B	85	10,00 €	850,00 €
	Juguetes Tipo C	275	4,00 €	1.100,00 €

IMPORTE BRUTO	1.950,00 €
DESCUENTOS	0,00 €
GASTOS TRANSPORTE	3,00 €
BASE IMPONIBLE	1.953,00 €
I.V.A. 21,00%	410,13 €
TOTAL I.V.A. INCLUIDO	2.363,13 €

73) El 9 de marzo devuelve a Amazonas parte de los juguetes del tipo C, ya que no cumplen con los estándares de calidad exigidos por Juguetes Veruchi. Amazonas no se hace cargo de los gastos de envío de la devolución.

amazonas ✓

Razón social: Amazonas, S.A
Domicilio: Polígono Industrial Las Rozas, 03010, Alicante
CIF: A-64.582.197
Teléfono: 96 654 456

DATOS CLIENTE		DATOS FACTURA RECTIFICATIVA	
Razón social:	Veruchi, S.L	Fecha:	9 de marzo
Domicilio:	C/ la Vaina, 16, 4°B. Benidorm	Número:	R.809
Teléfono	965851234	Localidad:	Alicante
CIF	B-24092014		

REF.	DESCRIPCIÓN	CANTIDAD	PRECIO	IMPORTE
	Juguetes Tipo C	-63	4,00 €	-252,00 €
	IMPORTE BRUTO			-252,00 €
	DESCUENTOS			0,00 €
	GASTOS			
	BASE IMPONIBLE			-252,00 €
	I.V.A. 21,00%			-52,92 €
	TOTAL I.V.A. INCLUIDO			-304,92 €

74) El 10 de marzo paga mediante una transferencia a Amazonas la factura 32.798 descontándole el importe de la factura de devolución número R.809.

CALCERRADA BANC

Transferencia Emitida
BENIDORM, OP
20.57.57.787793 01

Ordenante	Fecha emisión	Fecha valor de cargo en cuenta
JUGUETES VERUCHI, S.L	10-03	10-03
Por cuenta de:	IBAN cliente ordenante	
	ES34 0081 0012 6512 0000 5632	
Referencia:	Cuenta/IBAN cliente beneficiario	
Beneficiario	ES52 1258 8547 7931 0200 6345	
AMAZONAS, S.A	BIC banco del beneficiario BSABESBBXXX Banco del beneficiario BANCO DE SABADELL S.A.	
A favor de:	Tipo de gastos	Referencia
Referencia:	COMPARTIDOS	306381925
Observaciones	Canal origen	Fecha valor pago
PAGO FACTURAS 32.798 Y R.809	INTERNET	10-03

Nominal	% Comisión	Comisión	Correo	Swift	Gastos de corresponsal	Com. adicional	Com. urgencia	Líquido
EUR- 2.058,21€	0,00	0,00	0,00					2.058,21€

75) El 10 de marzo contrata los servicios de Voy Volando para que devuelva los productos a Amazonas.

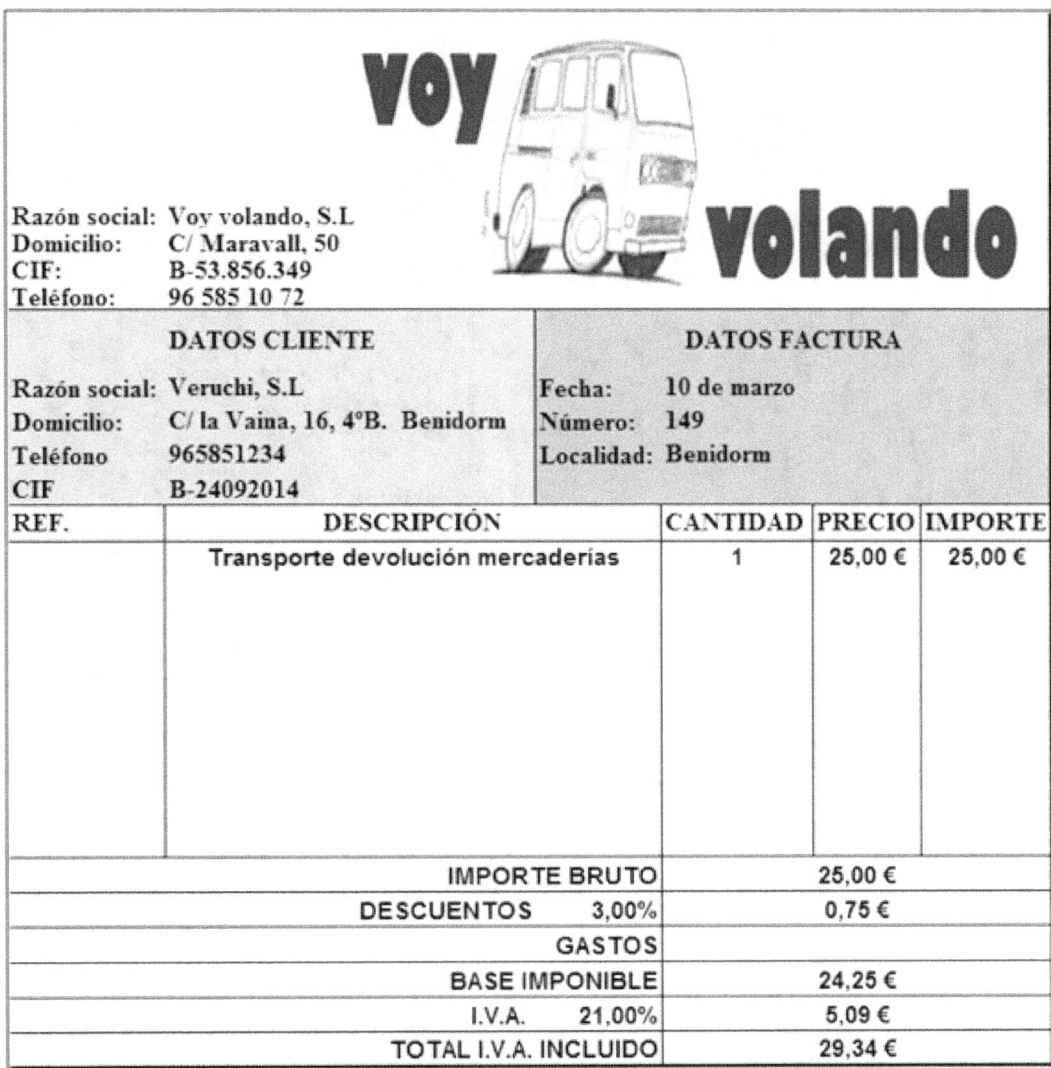

Razón social:	Voy volando, S.L
Domicilio:	C/ Maravall, 50
CIF:	B-53.856.349
Teléfono:	96 585 10 72

DATOS CLIENTE		DATOS FACTURA	
Razón social:	Veruchi, S.L	Fecha:	10 de marzo
Domicilio:	C/ la Vaina, 16, 4ºB. Benidorm	Número:	149
Teléfono	965851234	Localidad:	Benidorm
CIF	B-24092014		

REF.	DESCRIPCIÓN	CANTIDAD	PRECIO	IMPORTE
	Transporte devolución mercaderías	1	25,00 €	25,00 €
	IMPORTE BRUTO		25,00 €	
	DESCUENTOS 3,00%		0,75 €	
	GASTOS			
	BASE IMPONIBLE		24,25 €	
	I.V.A. 21,00%		5,09 €	
	TOTAL I.V.A. INCLUIDO		29,34 €	

76) El mismo día 10 de marzo, paga en efectivo a Voy Volando por la factura 149.

RECIBO   Nº 154

10 de MARZO de

Recibí de VERUCHI, S.L

La cantidad de Euros VEINTINUEVE EUROS CON TREINTA Y CUATRO CÉNTIMOS------------------
por PAGO FACTURA 149

€uros #29,34#   Fdo.

77) El 12 de marzo vende mercaderías a Don Tino. **En la factura le carga los embalajes**, y Don Tino se compromete a devolverlos en diez días.

JUGUETES VERUCHI

VERUCHI, S.L
B-24092014
C/ LA VAINA, 16, 4oB. 03501. BENIDORM
96 585 12 34

REGISTRO MERACANTIL DE ALICANTE, TOMO 1, FOLIO 1, HOTA 1, INSCRIPCIÓN 1

DATOS CLIENTE		DATOS FACTURA	
Razón social:	Don Tino, S.L	Fecha :	12 de marzo
Domicilio:	Avda. Mediterráneo 12. Benidorm	Número:	6
Teléfono	96 585 41 14	Localidad:	Benidorm
CIF	B74.125.896		

REF.	DESCRIPCIÓN	CANTIDAD	PRECIO	IMPORTE
	Juguetes Tipo A	144	10,00 €	1.440,00 €
	Juguetes Tipo C	150	10,75 €	1.612,50 €
	Embalajes	2	100,00 €	200,00 €

IMPORTE BRUTO		3.252,50 €
% DESCUENTOS 0%		0,00 €
GASTOS		
BASE IMPONIBLE		3.252,50 €
% I.V.A. 21%		683,03 €
TOTAL I.V.A. INCLUIDO		3.935,53 €

78) El 19 de marzo Juguetes Veruchi comunica a Toy World que va a quedarse con los embalajes y le paga la factura 208 mediante una transferencia bancaria.

		Transferencia Emitida
CALCERRADA BANC		BENIDORM, OP 20.57.57.787793 01

Ordenante	Fecha emisión	Fecha valor de cargo en cuenta
JUGUETES VERUCHI, S.L	19-03	19-03

	IBAN cliente ordenante
Por cuenta de:	ES34 0081 0012 6512 0000 5632

	Cuenta/IBAN cliente beneficiario
Referencia:	ES42 0581 0236 4569 7845 9614

Beneficiario	BIC banco del beneficiario
TOY WORLD, S.L	BSABESBBXXX
	Banco del beneficiario
	BANCO DE SABADELL S.A.

A favor de:	Tipo de gastos	Referencia
	COMPARTIDOS	306381925

Referencia:	Canal origen	Fecha valor pago
Observaciones	INTERNET	19-03
PAGO FACTURA 208 TOY WORLD		

Nominal	% Comisión	Comisión	Correo	Swift	Gastos de corresponsal	Com. adicional	Com. urgencia	Líquido
EUR- 2.272,38 €	0,00	0,00	0,00					2.272,38

Documento obtenido de elección conjunto. Válido, salvo disconformidad con los registros del Banco.

79) El 22 de marzo Don Tino devuelve los embalajes, y Juguetes Veruchi le hace la correspondiente factura rectificativa.

VERUCHI, S.L
B-24092014
C/ LA VAINA, 16, 4oB. 03501. BENIDORM
96 585 12 34

Registro Mercantil de Alicante. Tomo 1. Folio 1. Hoja 1. Inscripción 1

DATOS CLIENTE		DATOS FACTURA RECTIFICATIVA	
Razón social:	Don Tino, S.L	Fecha :	22 de marzo
Domicilio:	Avda. Mediterráneo 12. Benidorm	Número:	R2
Teléfono	96 585 41 14	Localidad:	Benidorm
CIF	B74.125.896		

REF.	DESCRIPCIÓN	CANTIDAD	PRECIO	IMPORTE
	Devolución embalajes	2	-100,00 €	-200,00 €

IMPORTE BRUTO		-200,00 €
% DESCUENTOS	0%	0,00 €
GASTOS		
BASE IMPONIBLE		-200,00 €
% I.V.A.	21%	-42,00 €
TOTAL I.V.A. INCLUIDO		-242,00 €

80) El mismo día 22 de marzo, Don Tino le entrega un pagaré con vencimiento 29 de marzo por el importe de la factura 6 y la factura rectificativa R2

		ENTIDAD	OFICINA	D.C.	NUM.DE CUENTA
	C.C.C	1234	5678	90	1234567890
	IBAN	ES	1234 5678 90 1234567890		

BANCO CARIBEÑO

C/ Panamá, 7. 03501, Benidorm

Vencimiento	29 de marzo		EUROS	#3.693,53€#

Por este **pagaré** me comprometo a pagar el día del vencimento indicado

A	Veruchi, S.L
Euros	Tres mil seiscientos noventa y tres euros con cincuenta y tres céntimos

Benidorm, a 22 de marzo de XX

Serie 260	Nº de pagaré 43

81) El día 22 de marzo, tras recibir el pagaré, Juguetes Veruchi va a su banco para descontarlo, ya que necesita liquidez. El banco le aplica un tipo de descuento del 8% y una comisión del 1% del valor nominal del pagaré.

CALCERRADA BANC

C/ el Puente, 2. 03501. Benidorm

Veruchi, S.L
C/ la Vaina, 16, 4ºB.
03501. Benidorm
965851234
B-24092014

Fecha de la operación: 22 de marzo
Abono en cuenta: ES34 0081 0012 6512 0000 5632

DESCUENTO DE EFECTOS COMERCIALES								
Emisor	Vencimiento	Nominal	Tipo de descuento	Días	Descuento	% Comisión	Comisión	Líquido
Don Tino	29 de marzo	3.693,53	8%	7	5,75	1%	36,94	3.650,84

TOTAL NOMINAL:	3.693,53
TOTAL DESCUENTO:	5,75
TOTAL COMISIÓN:	36,94
TOTAL A PERCIBIR:	**3.650,84**

82) El 24 de marzo le cargan en el banco la Seguridad Social de febrero.

					Adeudo directo
		CALCERRADA BANC			RCUR Core

Fecha	Clave Oficina	Oficina		Referencia única
24-03	901	BENIDORM, OP Timestamp 03-24		000043558263

Nombre del acreedor	Referencia del adeudo
TESORERÍA GENERAL DE LA SEGURIDAD SOCIAL	000043558263-20190308-0

Identificación del acreedor	Nombre del último acreedor
ES91012A82009812	

Nombre del deudor	Nombre último deudor	Banco acreedor
JUGUETES VERUCHI, S.L		BSCHESMMXXX

PAGO SEGURIDAD SOCIAL FEBRERO

Importe EUR	Comisión EUR	Valoración	
553,16 €	0,00	24/03	JUGUETES VERUCHI, S.L
IBAN			CALLE LA VAINA, 16, 4ºB
ES34 0081 0012 6512 0000 5632			BENIDORM (ALICANTE)

Para cualquier aclaración puede dirigirse con esta nota de adeudo a la entidad indicada, que es la que nos ha facilitado esta información.

Documento obtenido electrónicamente. Válido, salvo discordancia con los registros del Banco.

83) El 24 de marzo vendemos mercaderías a la empresa minorista Juguetes Unicorn, cuyo gerente es Oscar Cortina. Este cliente está acogido al régimen especial del **recargo de equivalencia**.

JUGUETES VERUCHI

VERUCHI, S.L
B-24092014
C/ LA VAINA, 16, 4ºB. 03501. BENIDORM
96 585 12 34

Registro Mercantil de Alicante, Tomo 1, Folio 1, Hoja 1, Inscripción 1

DATOS CLIENTE		DATOS FACTURA	
Razón social:	Oscar Cortina (Juguetes Unicorn)	Fecha :	24 de marzo
Domicilio:	C/ Vizcaino, 10. Benidorm	Número:	7
Teléfono	96 013 41 10	Localidad:	Benidorm
CIF	48.112.334-J		

REF.	DESCRIPCIÓN	CANTIDAD	PRECIO	IMPORTE
	Juguetes Tipo A	30	9,50 €	285,00 €
	Juguetes Tipo B	50	19,95 €	997,50 €
	IMPORTE BRUTO			1.282,50 €
	% DESCUENTOS	3%		38,48 €
	GASTOS			
	BASE IMPONIBLE			1.244,03 €
	% I.V.A.	21%		261,25 €
	% R.E	5,20%		64,69 €
	TOTAL I.V.A. INCLUIDO			1.569,96 €

84) El mismo día 24 de marzo, Juguetes Unicorn nos paga en efectivo 569'96€, quedando el resto de la factura pendiente de cobro.

RECIBO N.º 2

24 de MARZO de

RECIBI de JUGUETES UNICORN

la cantidad de Euros QUINIENTOS SESENTA Y NUEVE EUROS CON NOVENTA Y SEIS CÉNTIMOS --------------------------------------

por COBRO PARTE FACTURA 7

FIRMA Y SELLO:

€uros #569'96 €#

85) El 25 de marzo le llega la factura de Timostar.

TIMOSTAR

Razón social:	Timostar, S.A
Domicilio:	Avda. de las Naciones, 12. 28080. Madrid
CIF:	A-12.345.678
Teléfono:	911328567

DATOS CLIENTE		DATOS FACTURA	
Razón social:	Veruchi, S.L	Fecha:	25 de marzo
Domicilio:	C/ la Vaina, 16, 4ºB. Benidorm	Número:	32.642
Teléfono	965851234	Localidad:	Madrid
CIF	B-24092014		

REF.	DESCRIPCIÓN	CANTIDAD	PRECIO	IMPORTE
	Servicio línea telefónica + ADSL			72,5

IMPORTE BRUTO		72,50 €
DESCUENTOS	0,00%	0,00 €
GASTOS		0,00 €
BASE IMPONIBLE		72,50 €
I.V.A.	21,00%	15,23 €
TOTAL I.V.A. INCLUIDO		87,73 €

86) El 27 de marzo recibe la factura de Iberluz.

| Razón social: Iberluz, S.A |
| Domicilio: Avda. Filipinas, 32. 28082. Madrid |
| CIF: A-85.258.964 |
| Teléfono: 902 900 900 |

DATOS CLIENTE	DATOS FACTURA
Razón social: Veruchi, S.L	Fecha: 27 de marzo
Domicilio: C/ la Vaina, 16, 4ºB. Benidorm	Número: 59.318
Teléfono 965851234	Localidad: Madrid
CIF B-24092014	

REF.	DESCRIPCIÓN	CANTIDAD	PRECIO	IMPORTE
	Alquiler contador			5
	Tarifa mensual por tramos			79,21

IMPORTE BRUTO	84,21 €
DESCUENTOS	0,00 €
GASTOS	
BASE IMPONIBLE	84,21 €
I.V.A. 21,00%	17,68 €
TOTAL I.V.A. INCLUIDO	101,89 €

87) El 29 de marzo, le cargan en el banco el recibo de la hipoteca del local comercial.

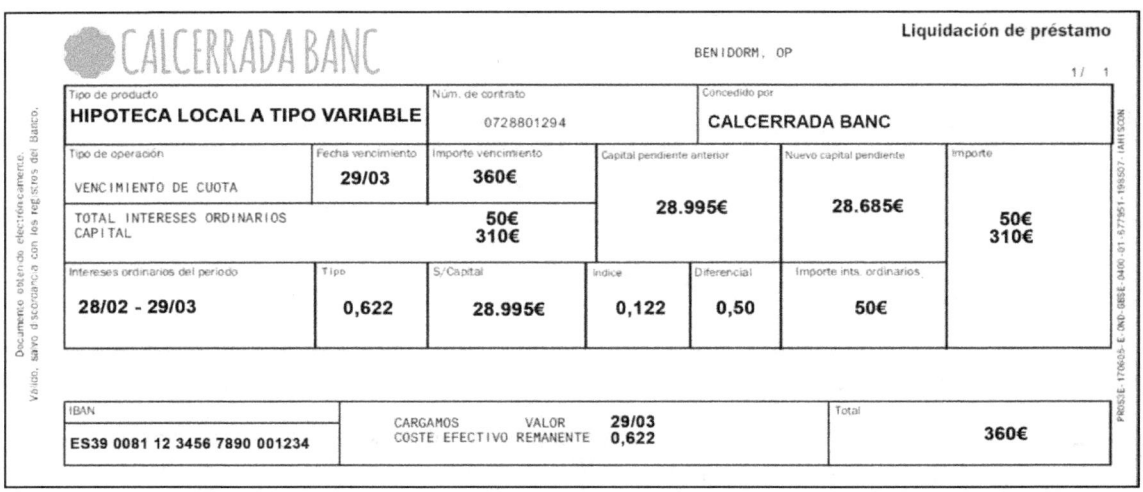

88) El 29 de marzo, le cargan en el banco el recibo del préstamo del coche.

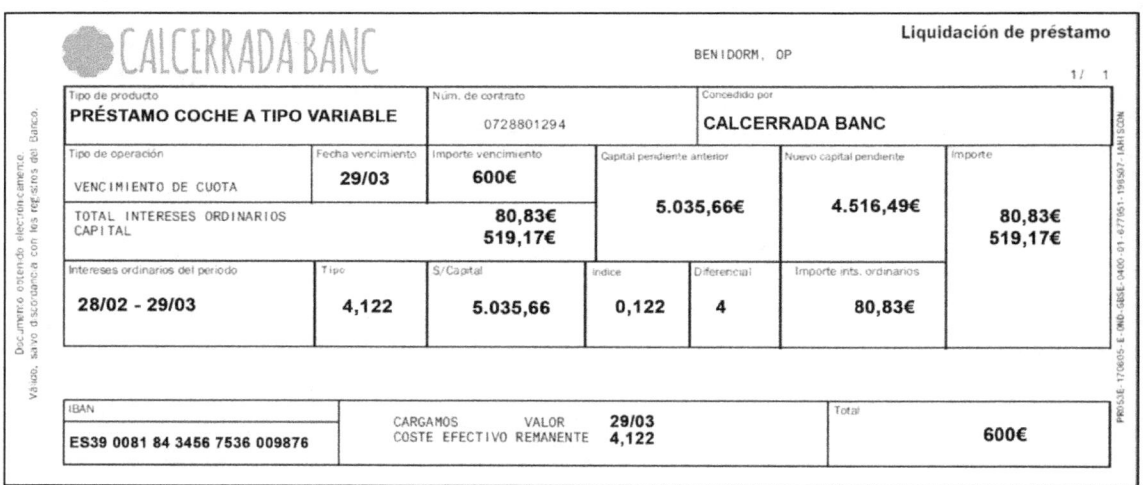

89) El día 29 de marzo, el banco nos comunica que Don Tino ha atendido el pago del pagaré número 260-43 que habíamos llevado a descontar.

90) El 31 de marzo contabiliza la nómina de su trabajadora.

EMPRESA: VERUCHI, S.L		TRABAJADOR: MÓNICA ARRIETA RODRÍGUEZ		
Domicilio C/ LA VAINA, 16, 4°B. BENIDORM		Categoría Profesional: Jefes administrativos y de taller		N.I.F.48.304.148-E
Código de cuenta de cotización	C.I.F.	Grupo de cotización: 3	Antigüedad: 2/04/2015	
03019132656	24.092.014-B	Número de afiliación a la Seguridad Social 03/0246813579		

Periodo de liquidación: Del 1 de Marzo al 31 de Marzo de 20XX			Total días: 30
I.- DEVENGOS		IMPORTES	
1 Percepciones salariales			
Salario base		1.080 €	
Complementos salariales			
Antigüedad		60 €	
Idiomas		100 €	
		€	
Horas extraordinarias		€	
Gratificaciones extraordinarias		€	
Prorrata pagas extras		€	
Salario en especie		€	
2 Percepciones no salariales			
Indemnizaciones o suplidos			
		€	
		€	
Prestaciones e indemnizaciones de la Seg.Social			
		€	
Indemnizaciones por traslados, modif..sust. o despido			
		€	
Otras percepciones no salariales			
		€	
		€	
A. TOTAL DEVENGADO			1.240 €

II.- DEDUCCIONES			
1- Aportación del trabajador a la Seguridad Social			
Contingencias comunes	4,70 %	63,14 €	
Desempleo	1,55 %	20,82 €	
Formación Profesional	0,10 %	1,34 €	
Horas Extras	%	€	
Horas Extras por fuerza mayor	%	€	
TOTAL APORTACIONES		85,30 €	
2- Retenciones a cuenta del IRPF S/	10 %	124 €	
3- Anticipos		€	
4- Valor de los productos recibidos en especie		€	
5- Otras deducciones		€	
B. TOTAL A DEDUCIR			209,30 €
LIQUIDO A PERCIBIR (A-B)			1.030,70 €

Firma y sello de la empresa

En Benidorm, a 31 de Enero de 20XX
RECIBÍ:

DETERMINACIÓN DE LAS BASES DE COTIZACIÓN			APORTACIÓN DE LA EMPRESA A LA S.S	
1- Base de cotización por contingencias comunes				
Remuneración mensual		1.240 €		
Prorrata pagas extraordinarias		103,33 €		
TOTAL		1.343,33 €	23,60%	317,03€
2- Base de cotización por	AT y EP	1.343,33 €	1,65%	22,16€
contingencias profesionales y otros	IMS	1.343,33 €	1,20%	16,12€
otros conceptos de recaudación conjunta	Desempleo, FP y FOGASA	1.343,33 €	6,20%	83.29€
3- Base de cotización por horas extras		0 €	23.60%	
4- Base de cotización por horas extras fuerza		0 €	12%	
5- Base sujeta a retención del I.R.P.F.		1.240 €	APORT. EMPRESA	438,60€

MINISTERIO
DE TRABAJO, MIGRACIONES
Y SEGURIDAD SOCIAL

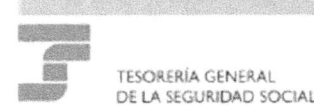
TESORERÍA GENERAL
DE LA SEGURIDAD SOCIAL

Recibo de Liquidación de Cotizaciones

Datos de envío

N° de autorización: 21111
Código de envío: 0212000628   Referencia del envío: 0002

Datos de empresa

Código de Cuenta de Cotización: 01110174040611	P. Liq.: 03 - 03	Cal. Liq.: L00
Razón social: VERUCHI, S.L		Identificador de empresario:
Entidad AT y EP: 275	N° de trabajadores: 1	Modalidad de Pago: COBRO POR VENTANILLA

Codificaciones Informáticas:

REFERENCIA:	FECHA:	HORA:	HUELLA:	PÁGINA:
000314040658	31/03	12:36	FAHLBB44	1

Periodo de pago	Num. Emisora	Num. Referencia	Identificación	Importe
04 - 04	02827003001	0003114040658	030101	523,90€

Descripción	Base	Importe	CLV
CONTINGENCIAS COMUNES	1.343,33	380,17	
LÍQUIDO COTIZACIONES GENERALES			
CUOTAS POR IT POR AT Y EP	1.343,33	22,16	
CUOTAS POR I.M.S	1.343,33	16,12	
COMPENSACIÓN IT, AT Y EP			
LÍQUIDO A.T Y E.P			
OTRAS COTIZACIONES (DESEMPLEO, FOGASA Y F.P)	1.343,33	105,45	
SUMA DE BONIFICACIONES, SUBVENCIONES Y COMPENSACIONES			
LÍQUIDO OTRAS CUOTAS			
TOTAL IMPORTE A INGRESAR			523,90

Validación mecanizada/Sello de las Entidades Financieras

Este documento no implica el pago de las cuotas si no va acompañado del correspondiente comprobante de ingreso, sello o validación de la Entidad Financiera.

- -

MINISTERIO
DE TRABAJO, MIGRACIONES
Y SEGURIDAD SOCIAL

TESORERÍA GENERAL
DE LA SEGURIDAD SOCIAL

Periodo de pago	Num. Emisora	Num. Referencia	Identificación	Importe
04 - 04	02827003001	0003114040658	030101	523,90€

C.C .C.: 01110174040611   Ident. Emp.: 030101
P. liq: 03 - 03   Huella electrónica: FAHLBB44

Cal. liq: L00

Para la Entidad Financiera, únicamente cuando el ingreso se tramite en ventanilla.

91) El 31 de marzo entrega un cheque a Mónica Arrieta.

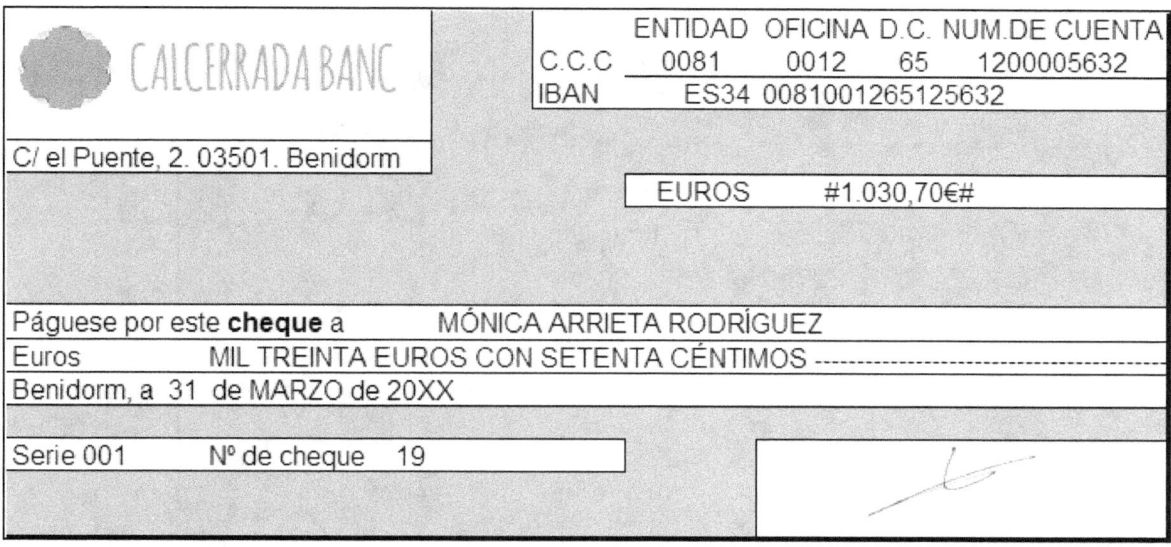

92) Mónica Arrieta cobra el cheque el mismo día 31 de marzo.

93) El 31 de marzo contabiliza y paga mediante un cargo en la cuenta corriente las retenciones practicadas durante el primer trimestre.

Agencia Tributaria
Teléfono: 901 33 55 33
www.agenciatributaria.es

MINISTERIO DE ECONOMÍA Y HACIENDA

Retenciones e ingresos a cuenta del IRPF
Rendimientos del trabajo y de actividades económicas, premios y determinadas ganancias patrimoniales e imputaciones de renta
Autoliquidación

Modelo **111**

Devengo (2) Ejercicio ... $2\,0\,X\,X$ Periodo ..... $1\,T$

Declarante (1)

Espacio reservado para la etiqueta identificativa

Si no dispone de etiquetas, consigne los datos identificativos que se solicitan a continuación.

NIF B 2 4 1 0 2 0 1 4 Apellidos y nombre o razón social **VERUCHI, S.L**

Liquidación (3)

I. Rendimientos del trabajo

	N.º de perceptores	Importe de las percepciones	Importe de las retenciones
Rendimientos dinerarios	01 **1**	02 **3.795,00**	03 **379,50**
	N.º de perceptores	Valor percepciones en especie	Importe de los ingresos a cuenta
Rendimientos en especie	04	05	06

II. Rendimientos de actividades económicas

	N.º de perceptores	Importe de las percepciones	Importe de las retenciones
Rendimientos dinerarios	07 **1**	08 **60,00**	09 **9,00**
	N.º de perceptores	Valor percepciones en especie	Importe de los ingresos a cuenta
Rendimientos en especie	10	11	12

III. Premios por la participación en juegos, concursos, rifas o combinaciones aleatorias

	N.º de perceptores	Importe de las percepciones	Importe de las retenciones
Premios en metálico	13	14	15
	N.º de perceptores	Valor percepciones en especie	Importe de los ingresos a cuenta
Premios en especie	16	17	18

IV. Ganancias patrimoniales derivadas de los aprovechamientos forestales de los vecinos en montes públicos

	N.º de perceptores	Importe de las percepciones	Importe de las retenciones
Percepciones dinerarias	19	20	21
	N.º de perceptores	Valor percepciones en especie	Importe de los ingresos a cuenta
Percepciones en especie	22	23	24

V. Contraprestaciones por la cesión de derechos de imagen: ingresos a cuenta previstos en el artículo 92.8 de la Ley del Impuesto

	N.º de perceptores	Contraprestaciones satisfechas	Importe de los ingresos a cuenta
Contraprestaciones dinerarias o en especie	25	26	27

Total liquidación:

Suma de retenciones e ingresos a cuenta (03 + 06 + 09 + 12 + 15 + 18 + 21 + 24 + 27) 28 **388,50**

A deducir (exclusivamente en caso de autoliquidación complementaria):
Resultados a ingresar de anteriores autoliquidaciones por el mismo concepto, ejercicio y periodo 29

Resultado a ingresar (28 – 29) 30 **388,50**

Ingreso (4)

Ingreso efectuado a favor del Tesoro público. Cuenta restringida de colaboración en la recaudación de la AEAT de declaraciones-liquidaciones o autoliquidaciones.

Importe del ingreso (casilla 30) ...... I **388,50**

Forma de pago: [ ] En efectivo [X] E.C. adeudo en cuenta

Código cuenta cliente (CCC)
Entidad | Sucursal | DC | Número de cuenta
0 0 8 1 | 0 0 1 2 | 6 5 | 1 2 0 0 0 5 6 3 2

Firma (7)

BENIDORM , a **31** de **MARZO** de **20XX**

Firma:

Este documento no será válido sin la certificación mecánica o, en su defecto, firma autorizada

Negativa (5)

[ ] Autoliquidación negativa

Complementaria (6)

Si esta declaración es complementaria de otra declaración anterior correspondiente al mismo concepto, ejercicio y periodo, indíquelo marcando con una 'X' esta casilla.

[ ] Autoliquidación complementaria

En este caso, consigne a continuación el número de justificante identificativo de la declaración anterior.

N.º de justificante:

Ejemplar para la Administración

CALCERRADA BANC

Adeudo directo

RCUR   Core

Fecha **31-03**	Clave Oficina 901	Oficina BENIDORM, OP	Timestamp **03-31**	Referencia única 000043558263

Nombre del acreedor **HACIENDA PÚBLICA**	Referencia del adeudo 000043558263-20190308-0

Identificación del acreedor ES91012A82009812	Nombre del último acreedor

Nombre del deudor **JUGUETES VERUCHI, S.L**	Nombre último deudor	Banco acreedor **BSCHESMMXXX**

PAGO RETENCIONES PRIMER TRIMESTRE

Importe EUR **388,50 €**	Comisión EUR 0,00	Valoración 31-03

IBAN **ES34 0081 0012 6512 0000 5632**

JUGUETES VERUCHI, S.L
CALLE LA VAINA, 16, 4ºB
BENIDORM (ALICANTE)

Para cualquier aclaración puede dirigirse con esta nota de adeudo a la entidad indicada, que es la que nos ha facilitado esta información.

Documento entendido electrónicamente.
Válido salvo disconformidad con los registros del Banco

94) El 31 de marzo contabiliza la declaración del IVA del primer trimestre

Agencia Tributaria
Teléfono: 901 33 55 33
www.agenciatributaria.es

Impuesto sobre el Valor Añadido. Autoliquidación

Modelo
303

NIF	Apellidos y Nombre o Razón social
B-24092014	**VERUCHI, S.L**

Información adicional

Entregas intracomunitarias de bienes y servicios	59	
Exportaciones y operaciones asimiladas	60	
Operaciones no sujetas o con inversión del sujeto pasivo que originan el derecho a deducción	61	

Exclusivamente para aquellos sujetos pasivos acogidos al régimen especial del criterio de caja y para aquéllos que sean destinatarios de operaciones afectadas por el mismo:

		Base imponible		Cuota	
Importes de las entregas de bienes y prestaciones de servicios a las que habiéndoles sido aplicado el régimen especial del criterio de caja hubieran resultado devengadas conforme a la regla general de devengo contenida en el art. 75 LIVA	62		63		
		Base imponible		Cuota soportada	
Importes de las adquisiciones de bienes y servicios a las que sea de aplicación o afecte el régimen especial del criterio de caja	74		75		

Resultado

Suma de resultados ([46] + [58])	64	**2.854,07**
Atribuible a la Administración del Estado 65 **100** %	66	**2.854,07**
Cuotas a compensar de periodos anteriores	67	

Exclusivamente para sujetos pasivos que tributan conjuntamente a la Administración del Estado y a las Diputaciones Forales. Resultado de la regularización anual.

68 [   ] euros

Resultado ([66] - [67] + [58])	69	**2.854,07**
A deducir (exclusivamente en caso de autoliquidación complementaria: Resultado de la anterior o anteriores declaraciones del mismo concepto, ejercicio y periodo	70	
Resultado de la liquidación ([69] - [70])	71	**2.854,07**

Compensación (4) — Si resulta 71 negativa consignar el importe a compensar

72 C [   ]

Sin actividad - [   ]

Devolución (6) — Manifiesto a esa Delegación que el importe a devolver reseñado deseo me sea abonado mediante transferencia bancaria a la cuenta indicada de la que soy titular:

Importe: 73 D [   ]

Código IBAN
E S [   ] [   ] [   ] [   ] [   ]

Ingreso (7) — Ingreso efectuado a favor del Tesoro Público, cuenta restringida de colaboración en la recaudación de la AEAT de autoliquidaciones.

Importe: I [**2.854,07**]

Código IBAN
E S 34 | 0081 | 0012 | 6512 | 0000 | 5632

Complementaria (8) — Si esta autoliquidación es complementaria de otra autoliquidación anterior correspondiente al mismo concepto, ejercicio y periodo, indíquelo marcando con una 'X' esta casilla.

[   ] Autoliquidación complementaria

En este caso, consigne a continuación el número de justificante identificativo de la autoliquidación anterior.

Nº. de justificante [   ]

---

95) El 31 de marzo le cargan en la cuenta corriente la declaración del IVA.

CALCERRADA BANC

Adeudo directo

RCUR   Core

Fecha	Clave Oficina	Oficina		Referencia única
31-03	**901**	**BENIDORM, OP**	Timestamp **03-31**	000043558263

Nombre del acreedor		Referencia del adeudo
HACIENDA PÚBLICA		000043558263-20190308-0

Identificación del acreedor	Nombre del último acreedor
ES91012A82009812	

Nombre del deudor	Nombre último deudor	Banco acreedor
VERUCHI, S.L		BSCHESMMXXX

PAGO IVA 1º TRIMESTRE

Importe EUR	Comisión EUR	Valoración
2.854,07 €	0,00	**31/03**

IBAN
ES34 0081 0012 6512 0000 5632

JUGUETES VERUCHI, S.L
CALLE LA VAINA, 16, 4ºB
BENIDORM (ALICANTE)

Para cualquier aclaración puede dirigirse con esta nota de adeudo a la entidad indicada, que es la que nos ha facilitado esta información.

Documento obtenido electrónicamente. Válido, salvo discordancia con los registros del Banco.

Hasta aquí los documentos a contabilizar. Ahora empieza otra labor del contable: el punteo y el cierre de la contabilidad. Unos documentos básicos en el día a día de los contables son los extractos bancarios, las hojas de caja y los libros registro de los efectos comerciales. Estos documentos sirven de apoyo, y permiten comprobar si el saldo de las cuentas contables es el correcto. A continuación encontrarás dichos documentos, ahora tu labor es la de puntear y comprobar que el saldo de las cuentas se corresponde con los datos del extracto bancario, de la hoja de caja y de los libros registro de efectos comerciales.

HOJA DE CAJA				
FECHA	CONCEPTO	PAGOS	INGRESOS	SALDO
1/01	Saldo inicial			1.500,00 €
10/01	Pago fra. Aquayes	22,00 €		1.478,00 €
16/01	Cobro cheque Playland T/-255-19		1.870,00 €	3.348,00 €
16/01	Ingreso en c/c	2.000,00 €		1.348,00 €
28/01	Cobro Playland a cta. fra.2		1.000,00 €	2.348,00 €
4/02	Pago Fco. Villalba fra.17	63,60 €		2.284,40 €
7/02	Carta certificada Correos	3,65 €		2.280,75 €
10/02	Pago Voy Volando fra.98	75,63 €		2.205,12 €
18/02	Pago Voy Volando fra.105	72,60 €		2.132,52 €
1/03	Cobro Toisarrás fra.5, T/142-94		3.387,50 €	5.520,02 €
1/03	Ingreso en c/c	5.000,00 €		520,02 €
10/03	Pago Voy Volando, fra.149	29,34 €		490,68 €
24/03	Cobro Juguetes Unicorn, parte fra.7		569,96 €	1.060,64 €

FECHA	CONCEPTO	PAGOS	INGRESOS	SALDO
	EXTRACTO CALCERRADA BANC C/C ES39 0081 0012 65 1200005632			
1/01	Saldo inicial			2.100,00 €
7/01	Pago Timostar fra.251.857	60,00 €		2.040,00 €
11/01	Pago fra Iberluz	153,00 €		1.887,00 €
12/01	Transferencia de Imagina		3.500,00 €	5.387,00 €
13/01	Pago IVA acreedor 4º trimestre	60,00 €		5.327,00 €
13/01	Pago retenciones 4º trimestre	250,00 €		5.077,00 €
16/01	Ingreso en efectivo		2.000,00 €	7.077,00 €
21/01	Pago pagaré Juguetísimo T/001-15	4.400,00 €		2.677,00 €
26/01	Pago Timostar fra.15.875	87,73 €		2.589,27 €
28/01	Cobro Don Tino fra.1		3.115,75 €	5.705,02 €
29/01	Pago hipoteca local	360,00 €		5.345,02 €
29/01	Pago préstamo coche	600,00 €		4.745,02 €
30/01	Pago Amazonas fra.25.387	2.245,16 €		2.499,86 €
31/01	Pago Nómina Mónica A. Cheque 001-17	1.030,70 €		1.469,16 €
1/02	Pago MediaMarket fra.2.984	692,73 €		776,43 €
3/02	Pago Seguro local Recta Directa	495,34 €		281,09 €
3/02	Pago Iberluz fra.32.587	97,53 €		183,56 €
4/02	Cobro Playland resto fra.2		11.266,38 €	11.449,94 €
8/02	Pago Clean Up fra.89	326,70 €		11.123,24 €
12/02	Cobro Juguetitos fra.4 y fra.R1		883,30 €	12.006,54 €
12/02	Pago Tus Muebles fra.153	221,43 €		11.785,11 €
15/02	Pago La Gosita, T/001-16	3.055,00 €		8.730,11 €
17/02	Pago Toy World f.189 menos dto. ppp R192	1.755,98 €		6.974,13 €
25/02	Cobro Imagina fra.3, T/255-68		1.633,50 €	8.607,63 €
25/02	Pago Seguridad Social enero	523,90 €		8.083,73 €
26/02	Pago Timostar fra.21.568	87,73 €		7.996,00 €
28/02	Ingreso intereses		4,10 €	8.000,10 €
28/02	Pago hipoteca local	360,00 €		7.640,10 €
28/02	Pago préstamo coche	600,00 €		7.040,10 €
1/03	Ingreso efectivo		5.000,00 €	12.040,10 €
2/03	Pago Febrero Mónica A. Cheque 001-18	1.093,43 €		10.946,67 €
2/03	Pago Iberluz fra 41.351	104,35 €		10.842,32 €
3/03	Pago Aquayes fra 9.587	44,28 €		10.798,04 €
10/03	Pago Amazonas fra.32.798 y fra.R.809	2.058,21 €		8.739,83 €
19/03	Pago Toy World fra.208	2.272,38 €		6.467,45 €
22/03	Abono Descuento Efectos		3.650,84 €	10.118,29 €
24/03	Pago Seguridad Social febrero	553,16 €		9.565,13 €
29/03	Pago hipoteca local	360,00 €		9.205,13 €
29/03	Pago préstamo coche	600,00 €		8.605,13 €
31/03	Pago Nómina Mónica A. Cheque 001-19	1.030,70 €		7.574,43 €
31/03	Retenciones. Modelo 111 1º-T	388,50 €		7.185,93 €
31/03	Declaración IVA 1ºT	2.854,07 €		4.331,86 €

EFECTOS COMERCIALES A PAGAR

FECHA EMISIÓN	Nº	PAGUESE A	POR	IMPORTE	VTO	¿PAGADO?
14/01	001-15	Juguetísimo	Pago factura	4.400,00	21/01	Si, 21/01
28/01	001-16	La Gosita	Pago factura	3.055,00	15/02	Si, 15/02
31/01	001-17	Mónica A.	Pago nómina Enero	1.030,70	Cheque	Si, 31/01
28/02	001-18	Mónica A.	Pago nómina Febrero	1.093,43	Cheque	Si, 2/03
31/03	001-19	Mónica A.	Pago nómina Marzo	1.030,70	Cheque	Si 31/03

EFECTOS COMERCIALES A COBRAR

FECHA EMISIÓN	Nº	COBRAR DE	POR	IMPORTE	VTO	¿COBRADO?
15/01	255-19	Playland	Cobro factura	1.870,00	Cheque	Si, 16/01
6/02	255-68	Imagina	Cobro factura 3	1.633,50	25/02	Si, 25/02
17/02	142-94	Toisarrás	Cobro factura 5	3.387,50	1/03	Si, 1/03
22/03	260-43	Don Tino	Cobro facturas 6 y R.2	3.693,53	29/03	DTO. Si, 29/03

La actividad empresarial debería seguir hasta el 31 de diciembre, pero con todos los documentos que has contabilizado, ya habrás cogido la suficiente práctica manejando el programa contable como para poder realizar cualquier tipo de asiento.

Ahora vamos a centrarnos en el **cierre de la contabilidad**, y para ello debemos realizar las siguientes operaciones:

- cálculo del valor de las existencias

- dotación a la amortización

- reclasificación de las deudas a largo plazo

- asiento de pérdidas y ganancias

- asiento de cierre

EXISTENCIAS

El método utilizado para calcular el valor de las existencias es el Precio Medio Ponderado.

Las **existencias iniciales** del año eran las siguientes:

- del producto tipo A: 730 unidades

- del producto tipo B: 472 unidades

- del producto tipo C: 179 unidades

- del producto tipo D: 1.220 unidades

A partir de esta información, y de las compras y ventas realizadas, calcula el valor final del stock y contabiliza el asiento de variación de existencias

AMORTIZACIONES / FICHAS DE INVENTARIO

Da de alta todos los elementos de inmovilizado de la empresa en las fichas de inventario y después, contabiliza la dotación a la amortización de dichos elementos de inmovilizado.

Para poder contabilizarlo, aquí tienes la información sobre el inmovilizado que ya tenía al comenzar el presente año:

- El Local comercial se adquirió en propiedad el 1 de julio de hace 4 años. Se amortiza en 50 años mediante el método de amortización constante. Se considera un valor residual nulo. Utilizamos el método de amortización constante.

- El mobiliario de oficina se compró el 1 de julio de hace 9 años. Se amortiza en 16 años, y se considera que tendrá un valor residual de 360€. Utilizamos el método de amortización constante.

- El portátil Lenovo se compró el 16 de mayo del año pasado. Se amortiza en 5 años y se considera un valor residual nulo. Utilizamos el método de amortización constante.

- El Toyota Auris se compró el 1 de diciembre de hace 3 años. Se amortiza en 10 años y consideramos un valor residual de 1.000€. Utilizamos el método de amortización constante.

Y aquí la información de los elementos de inmovilizado que se han comprado durante el presente ejercicio económico:

- El ordenador de sobremesa Asus XZT3000 que se compró el 1 de febrero, se amortiza mediante el método constante. Su vida útil será de 5 años y se considera un valor residual nulo.

- La estantería lacada blanca que compró el 12 de febrero, se amortiza mediante el método constante en un periodo de 16 años. Se considera un valor residual nulo.

RECLASIFICACIÓN DE LAS DEUDAS

Este es el cuadro de amortización, en el que se recogen las cuotas a pagar de la hipoteca del local comercial, durante el próximo año.

t	α	I	A	M	C
29/01	360,00	8,73	351,27	4.351,27	25.248,73
28/02	360,00	8,61	351,39	4.702,66	24.897,34
29/03	360,00	8,49	351,51	5.054,17	24.545,83
29/04	360,00	8,37	351,63	5.405,80	24.194,20
29/05	360,00	8,25	351,75	5.757,54	23.842,46
29/06	360,00	8,13	351,87	6.109,41	23.490,59
29/07	360,00	8,01	351,99	6.461,40	23.138,60
29/08	360,00	7,89	352,11	6.813,51	22.786,49
29/09	360,00	7,77	352,23	7.165,74	22.434,26
29/10	360,00	7,65	352,35	7.518,09	22.081,91
29/11	360,00	7,53	352,47	7.870,56	21.729,44
29/12	360,00	7,41	352,59	8.223,15	21.376,85

A partir de los datos de este cuadro de amortización, contabiliza la reclasificación de la deuda de la hipoteca, pasando de largo a corto plazo la parte correspondiente.

ASIENTO DE PÉRDIDAS Y GANANCIAS Y DE CIERRE

Ahora ya puedes contabilizar el Asiento de Pérdidas y Ganancias, el Asiento de Cierre y cerrar la contabilidad anual.